Anne Hooper

JOGOS SEXUAIS FANTÁSTICOS

Tradução:
Rosalia Munhoz

Publicado originalmente em inglês sob o título *Great Sex Game*, por DK Publishing.
© 2000, Dorling Kindersley Limited.
Todos os direitos reservados.
© 2000, Texto de Anne Hooper.
Direitos de edição e tradução para o Brasil.
Tradução autorizada do inglês.
© 2012, Madras Editora Ltda.

Editor:
Wagner Veneziani Costa

Produção e Capa:
Equipe Técnica Madras

Tradução:
Rosalia Munhoz

Revisão da Tradução:
Sonini Ruiz

Revisão:
Arlete Genari

Dados Internacionais de Catalogação na Publicação (CIP)
(Câmara Brasileira do Livro, SP, Brasil)

Hooper, Anne
 Jogos sexuais fantásticos/Anne Hooper; tradução Rosalia Munhoz. – São Paulo:
Madras, 2012.
 Título original: Great sex games.
  ISBN 978-85-370-758-7
  1. Fantasias sexuais 2. Orientações sexuais I. Título.

12-03273 CDD-613.96

Índices para catálogo sistemático:
 1. Práticas sexuais: Guias 613.96

Proibida a reprodução total ou parcial desta obra, de qualquer forma ou por qualquer meio eletrônico, mecânico, inclusive por meio de processos xerográficos, incluindo ainda o uso da internet, sem a permissão expressa da Madras Editora, na pessoa de seu editor (Lei nº 9.610, de 19.2.98).

Todos os direitos desta edição, em língua portuguesa, reservados pela

MADRAS EDITORA LTDA.
Rua Paulo Gonçalves, 88 – Santana
CEP: 02403-020 – São Paulo/SP
Caixa Postal: 12183 – CEP: 02013-970 – SP
Tel.: (11) 2281-5555 – Fax: (11) 2959-3090
www.madras.com.br

Agradecimentos

Pelo seu trabalho na edição original, a DK gostaria de agradecer a Lynne Brown, diretora de arte sênior executiva, Corinne Roberts, editora sênior executiva, Karen Ward, diretora de arte sênior, Clare Cox, editora de projeto, Rajen Shah, DTP, Liz Cherry, supervisora de produção, e Kesta Desmond, pela assistência editorial.

Fotografia: Mark Harwood, Ranald MacKechnie, Paul Robinson, Jules Selmes.

Fotografias adicionais: Steve Gorton.

Créditos das fotos: O editor deseja agradecer, por sua generosa permissão de reproduzir fotografias com direito autoral, a: Ace Photo Agency: Coin Thomas 76-77, 97; Robert Harding Picture Library: 118-119; Doralba Pcernos 3, 28, 35; Pictor International: 116, 122; Rex Features: 127, Alexander Caminada 120; Tony Stone Images: Donna Day 140; Ralph Schltheiss 162; Telegraph Colour Library; Bay Hippsley 52, 144-145.

Pesquisa de imagem: Angela Anderson

Artigos: *Ann Summers*, pelo empréstimo de *lingerie* e artigos sexuais.

Skin Two, pelo empréstimo de roupas de pvc.

Índice

Introdução 8
As Regras do Jogo 13
Perdendo as Inibições 23
Brincando com Acessórios 59
Uma Mudança de Cenário 119
Ficando Molhados 145
Um Jantar Diferente 165
Jogos Sensurados
para Menores 181
Feliz Aniversários 195
Histórias para Dormir 217
Índice Remissivo 240

Introdução

Os relacionamentos mais sensuais de que desfrutei foram aqueles em que a confiança e a excitação eram tão profundas que eu e meu parceiro sentíamos que podíamos fazer absolutamente tudo na cama. "Tudo" incluía fazer amor com espontaneidade, sexo de rotina – não tem nada de errado com ele – e praticar jogos sexuais.

Não pratiquei jogos sexuais até adquirir segurança, mas fico feliz por ter chegado a esse ponto. Eu me diverti – não perderia isso por nada. Mesmo assim, para início de conversa, não foi fácil brincar.

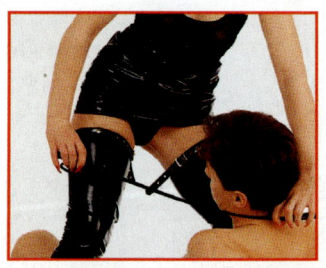

Introdução

Tive dificuldade para compreender que para um jogo continuar erótico você tem de permanecer firme no papel que o jogo pede. Tudo depende de não se permitir mudar de ideia no meio do caminho. Por exemplo, se você, de repente, para de ser firme e se torna um molenga, a ilusão é desfeita na hora. E jogos sexuais bons têm tudo a ver com criar ilusões e estimular a imaginação.

Então, para encorajar qualquer jogo potencial de Mestre ou Senhora, eu esbocei neste livro algumas dicas potentes para fazer o sangue correr e os fluidos fluírem (falando figurativamente, é claro).

COMO FUNCIONA O LIVRO

Como todos os jogos, os jogos sexuais devem ter regras. Eu não consigo funcionar sem elas. Então, a primeira parte do livro cuida especificamente sobre o que vocês esperam conseguir fazendo tais jogos. E delineia algumas regras básicas que são absolutamente necessárias para assegurar que o que vocês farão, além de funcionar, seja seguro.

Os primeiros jogos são amenos e promovem o crescimento da aceitação e confiança. Eles são seguidos em vários sentidos no texto por "encenações". Encenações são histórias eróticas que vocês podem gostar de representar com seus parceiros ou simplesmente lerem alto na cama, em uma tarde de verão agradável.

Introdução

Os jogos do fim envolvem o uso de brinquedos sexuais, punição e sistemas de recompensa, imposição de restrições não muito severas e fetiches específicos. Para praticarem punição e recompensa vocês precisam de familiaridade com incentivos que sejam bem poderosos. Eu delineio esses no capítulo final e espero que eles consigam explodir seu cérebro – sem mencionar outras partes do seu corpo.

Não acredito que apenas as pessoas excêntricas pratiquem jogos sexuais. Creio que as pessoas mais comuns entre nós brincam com naturalidade como crianças quando estão com alguém que adorem. Eu simplesmente ofereço algumas ideias divertidas para jogos sexuais. Se quiserem levá-las a bordo, espero que se divirtam muito. Se não quiserem, espero que tenham uma leitura agradável.

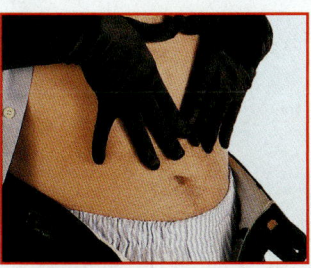

As regras do jogo

Sem regras não existe jogo. Isso não significa que sejam forçados a declarar formalmente as regras entre dois. Contudo, significa que devem estabelecer os limites de um jogo de forma clara para *vocês*, devem estar preparados para se aterem a elas não importa o que aconteça, e não devem hesitar em falar sobre esses limites com seus parceiros quando ficar evidente que é necessário.

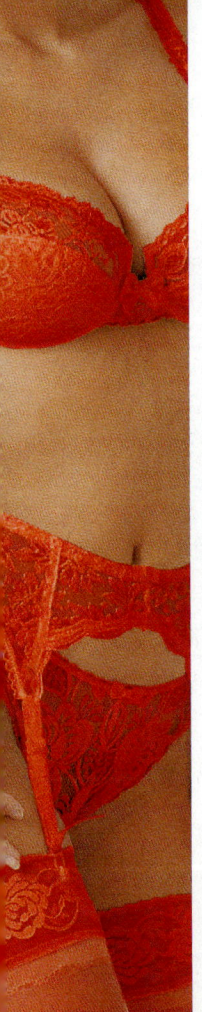

Jogos Sexuais Fantásticos

O Objetivo do Jogo

A ideia de um jogo Mestre/Senhora vem diretamente das cavernas obscuras da erótica. Toda Dominadora é uma Senhora do Jogo. Todo homem que comande "escravos sexuais" é um Mestre do Jogo. Não precisa ser tão extremo, mas o conceito de Mestre/Senhora do Jogo é um bom conceito.

Primeiro ele implica que alguém está no comando, o que pode ser tranquilizador para iniciantes nervosos. Segundo, tornar-se um Mestre ou Senhora do jogo é a base de alguns jogos de entretenimento em si. Terceiro, para ser um Mestre ou Senhora você precisa ser confiável e seguro – talvez essas não sejam as qualidades em que pensou em primeiro lugar. Homens e mulheres que praticam jogos sexuais, geralmente, são mais confiáveis do que pessoas com relações mais tradicionais. Portanto, aqui estão os objetivos e as regras do jogo.

SEUS OBJETIVOS

O que você deseja promover

- A confiança de seu parceiro.
- A excitação de seu parceiro.
- O anseio antecipado de seu parceiro.
- A imaginação censurada de seu parceiro.
- A confirmação de que seu comportamento é aceitável.
- Acreditar que você pode liderar bem o jogo.
- A sua própria excitação.
- Modos realmente imaginativos de vivenciar o sexo.

O que você deseja evitar

- Assustar seu parceiro.
- Levar seu parceiro longe demais, depressa demais.
- Machucar ou ameaçar de algum modo o seu parceiro, além do que vocês determinaram como mutua-

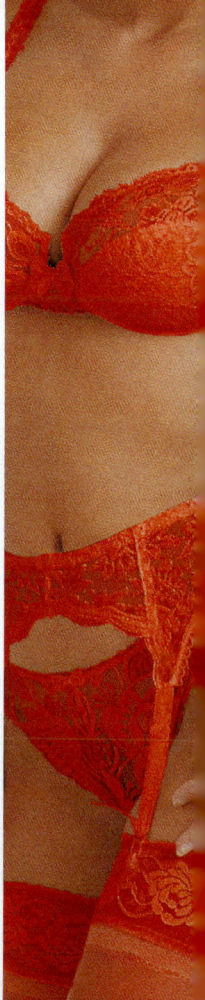

Jog*s Sexuais Fantásticos

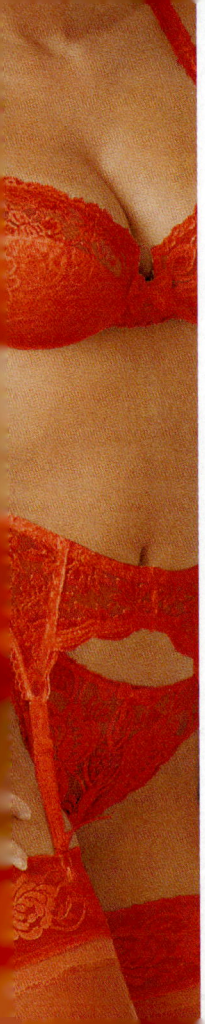

mente aceitável. Em muitos países, as atividades sexuais que envolvam machucar os outros fisicamente, mesmo eles sendo adultos e tenham consentido, é ilegal.
- Perder o autocontrole quando é o Mestre/Senhora do Jogo.

CRIANDO UMA SENHA

Se você está em um jogo sexual em que o seu parceiro está à sua mercê, você pode equivocar-se para a ação, na primeira vez que o seu parceiro pede que você o faça. A razão é que, embora o seu parceiro possa estar um tanto amedrontado, ao mesmo tempo ele também pode estar se deliciando. Normalmente, as duas emoções andam de mãos dadas. "Pare, pare!", algumas vezes significa, na verdade: "Isto é fantástico, por favor, *não* pare". Então, como você pode saber quando deve parar?

O Objetivo do Jogo

A solução para o problema é criar uma senha. Ela pode ser uma palavra que ambos concordaram antes de começar que significa, sem dúvidas: "Pare agora mesmo!". Quando a senha é pronunciada, você deve sempre parar imediatamente.

Porém, usar uma senha só é apropriado, de verdade, entre parceiros que se conhecem bem. Em uma situação sexual que seja a primeira vez, atitudes desse tipo podem ser interpretadas como agressivas.

SUAS AÇÕES

Movimentos que você pode fazer

- Você pode:
- tocar, afagar, acariciar, golpear, oferecer fantasias, pedir fantasias, usar brinquedos sexuais.
- Com o consentimento de seu parceiro você pode: criar uma senha de segurança, dominar, submeter, usar

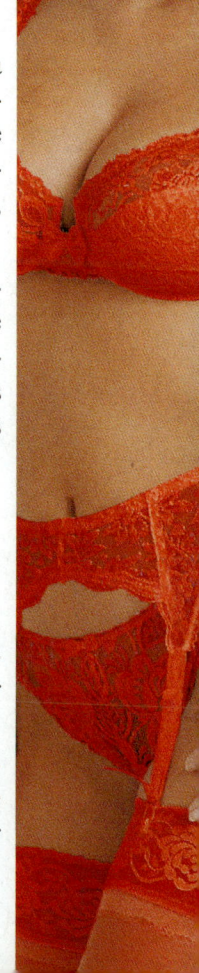

Jogos Sexuais Fantásticos

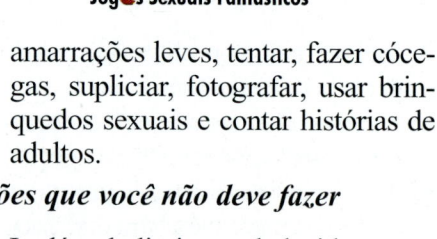

amarrações leves, tentar, fazer cócegas, supliciar, fotografar, usar brinquedos sexuais e contar histórias de adultos.

Ações que você não deve fazer

- Ir além do limite estabelecido.
- Desconsiderar o uso pelo parceiro da senha de segurança.
- Expor publicamente seu parceiro (e isso inclui mostrar fotos de suas atividades sexuais para outros).
- Trazer um terceiro (a não ser que com consentimento mútuo).
- Machucar seu parceiro física ou emocionalmente.

CONQUISTANDO A CONFIANÇA DO PARCEIRO

Quando discutimos o uso de senha de segurança em jogos sexuais, fica claro que, para que qualquer "acordo de segurança" funcione, você e seu parceiro precisam ter confiança mútua implícita.

O Objetivo do Jogo

Sem confiança completa os jogos sexuais simplesmente não funcionam. Não é necessário estabelecer precauções de segurança elaboradas se, lá no fundo, vocês temem que seus desejos serão desconsiderados em qualquer hipótese. Se vocês estão tensos ou nervosos, suas próprias experiências sexuais serão, na melhor das hipóteses, pobres, e, na pior, ameaçadoras. Em tais circunstâncias, a primeira regra do jogo é: NÃO JOGUE.

SEUS PRIMEIROS MOVIMENTOS

Suas regras pessoais

Indique sua própria capacidade de ser confiável no início do relacionamento interrompendo qualquer atividade, no minuto que seu parceiro indicar ser o que ele deseja. (Com isso não estou defendendo a repressão nos jogos – estou ressaltando a importância de estabelecer a confiança desde o início.)

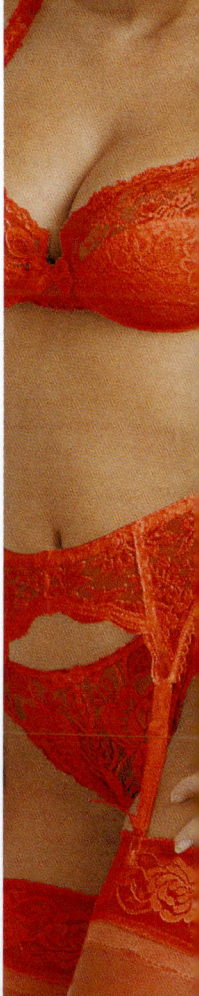

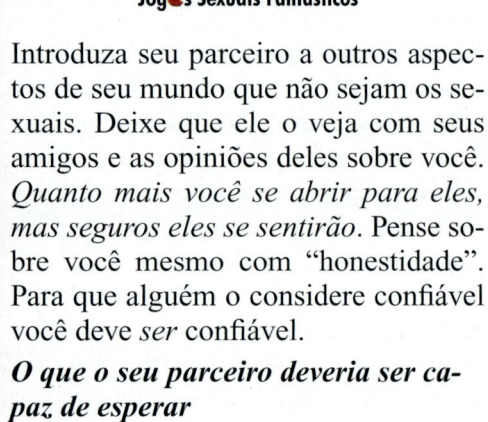

Introduza seu parceiro a outros aspectos de seu mundo que não sejam os sexuais. Deixe que ele o veja com seus amigos e as opiniões deles sobre você. *Quanto mais você se abrir para eles, mas seguros eles se sentirão*. Pense sobre você mesmo com "honestidade". Para que alguém o considere confiável você deve *ser* confiável.

O que o seu parceiro deveria ser capaz de esperar

- Que você os veja como um ser humano distinto e vulnerável.
- Que você pergunte a eles como se sentem.
- Que você definirá detalhes sobre você de modo confiável. Se estiver nervoso, expresse seu nervosismo. Mas também seja positivo, dizendo algo como: "A verdade é que eu não fiz muito esse tipo de coisas antes.

O Objetivo do Jogo

Porém eu tenho uma forte sensação de que vai ser ótimo."
- Que você dê tempo para seu parceiro, se é o que ele quer. Quanto mais relaxado você estiver sobre entrar em jogos sexuais, mais seu parceiro confiará em você.

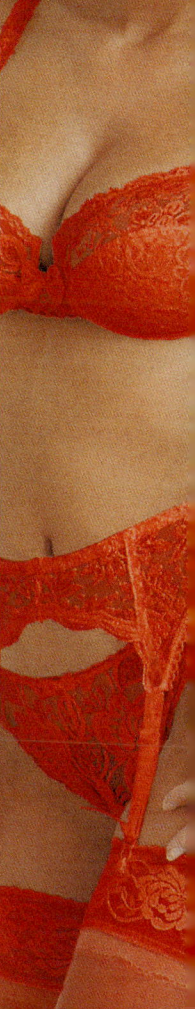

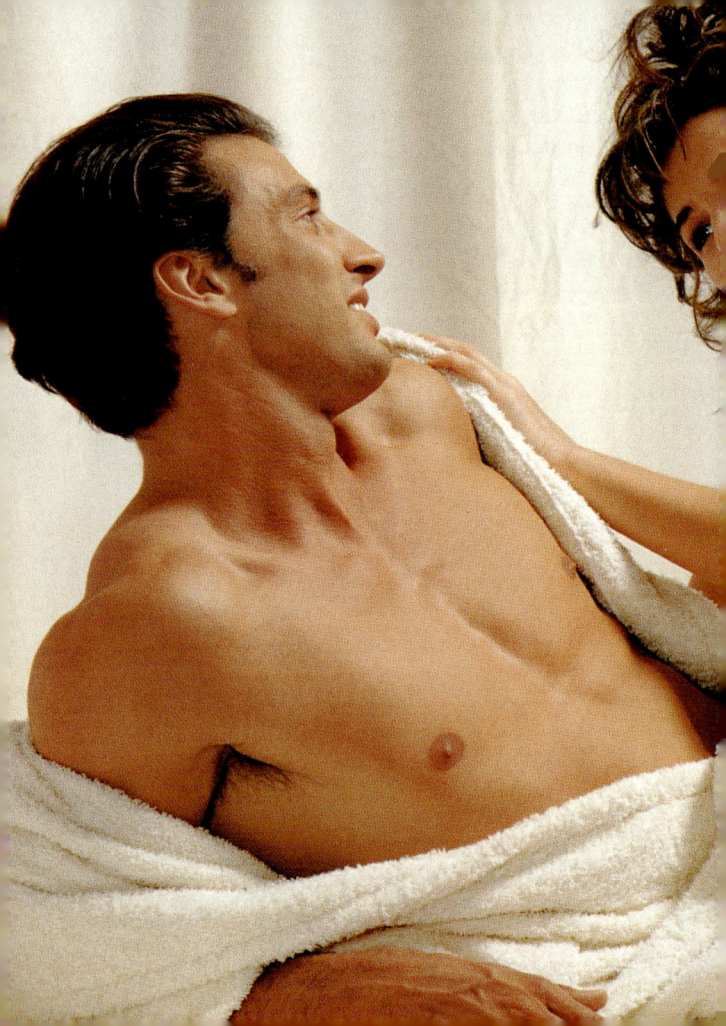

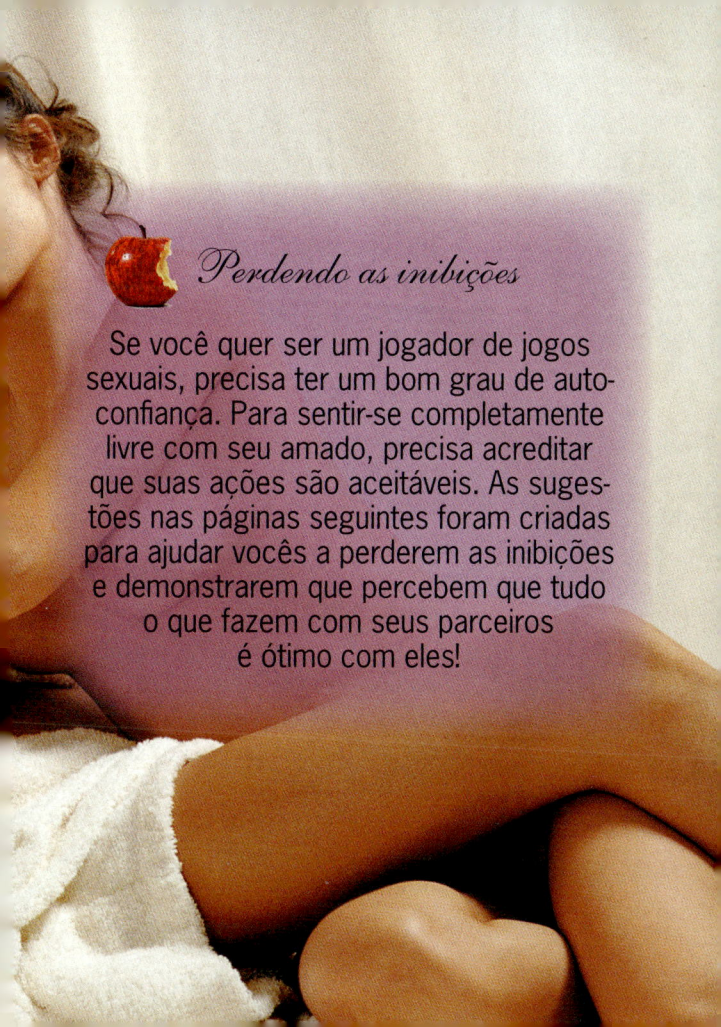

Perdendo as inibições

Se você quer ser um jogador de jogos sexuais, precisa ter um bom grau de autoconfiança. Para sentir-se completamente livre com seu amado, precisa acreditar que suas ações são aceitáveis. As sugestões nas páginas seguintes foram criadas para ajudar vocês a perderem as inibições e demonstrarem que percebem que tudo o que fazem com seus parceiros é ótimo com eles!

Jogadores em geral são mais audaciosos e mais dramáticos que parceiros românticos. E uma vez que o drama não surge espontaneamente para todos, a próxima parte delineia alguns interesses preliminares possíveis.

CRIAR A CENA

Não são apenas as suas ações que tornam um encontro sexual especial – pode ser o ambiente que vocês estão usando. Um quarto de dormir gótico, com uma cama de ferro de quatro pilares e cortinas longas vermelho-sangue, naturalmente criará um impacto maior do que um quarto modesto, com um guarda-roupa quebrado em um canto e uma cadeira com uma perna faltando no outro.

ENSAIAR É BOM

Caso se sintam nervosos, lembrem-se que ensaiar ajuda. Não existe lei que diga que vocês não podem separar um tempo para explorar suas fantasias. Vocês devem começar simplesmente falando a respeito delas. Assim se sentirão seguros. E quando perceberem que nada de horrível acontece, então, talvez, sejam mais audaciosos na vez seguinte.

Só pelo fato de ensaiar algo sexualmente não torna o que você ensaiou artificial. De fato, se passar essa impressão para você, então, talvez, precisem ir devagar com a brincadeira. Quando a questão é sexo, seja devagar ou rápido, o importante é que se sintam muito bem.

Ir devagar quando se trata de inovações, de forma que elas sejam graduadas, é um modo de tranquilizar você e um parceiro nervoso. Afinal, a maioria das pessoas procuram por "manuais" quando descobrem novas camadas sexuais em sua personalidade.

🎀 Dica de ação

Lembrem-se sempre – ninguém tem de jogar nenhum jogo sexual de que não goste. Vocês podem dizer: "NÃO!", de cara.

Confiança no Corpo Erótico

Uma das maiores habilidades sexuais que vocês podem aprender é a arte de deixar acontecer, de verdade. Isso significa sentirem-se completamente em casa em seu corpo e focarem exclusivamente nas sensações eróticas que estão proporcionando e recebendo.

AUTOCRÍTICA SEXUAL

Muitas vezes nos preocupamos em como somos vistos durante o sexo. Em vez de nos entregarmos ao momento, uma voz interior diz coisas como: "Eu devo parecer ridículo!". Nós podemos cair na armadilha de nos sentirmos ansiosos sobre nosso cheiro, gosto ou até sobre como suamos. Todas essas inquietações podem diminuir nosso repertório sexual, portanto:

- paramos de fazer amor com as luzes acesas;
- paramos de fazer amor em determinadas posições;

- podemos recusar atos sexuais de que gostamos porque nos sentimos autoconscientes.

AME SEU CORPO

A resposta para esse problema tem duas partes.

Primeiro, faça um esforço para manter o seu corpo na melhor forma possível. Faça uma avaliação objetiva de seu corpo e, então, decida se deseja mudar algo. Mas lembre-se: nunca tente se adequar a imagens idealizadas pela mídia do que é atraente. Simplesmente tenha como objetivo pequenas melhorias, que farão com que se sinta mais confiante sexualmente.

Segundo, se você não puder mudar nada, então, aprenda a amar o seu corpo exatamente como ele é. Se fizer isso, seu parceiro sentirá o mesmo. As pessoas sempre reagem àqueles que são positivos. Ser aberto e desinibido são duas das qualidades mais sensuais que uma pessoa pode possuir. Também se pergunte se você alguma vez já explorou de verdade o corpo de seus parceiros durante o sexo. Se não, então não é de se esperar eles agirem do mesmo modo com você?

Sensualidade ao Vestir-se

Quando a questão é vestirem-se para o sexo, as regras são simples. Usem roupas justas que enfatizem as curvas e contornos de seus corpos e conduzam o olhar para os genitais, tórax ou bunda. As roupas devem ser extremamente difíceis de tirar (a ideia é provocar seus parceiros à submissão, enquanto vocês permanecem inacessíveis), ou extremamente fáceis de remover.

Subverta seus códigos de vestuário usuais: se vocês se vestem de forma discreta em sua vida cotidiana, vistam-se de modo exuberante para o sexo. Se normalmente vocês se vestem de modo muito conservador, vistam-se de modo provocador. Chocar seu parceiro vestindo algo inesperado sempre tem poderes eróticos. Acrescente realismo à fantasia vestindo-

VISTAM-SE DE ACORDO COM O PAPEL
Se vão participar de jogos sexuais, vocês querem, de cara, parecerem e sentirem-se sensuais.

se para o papel. Dedique uma parte especial de seu guarda-roupas para os jogos sexuais. Se (como mulher) você usa cosméticos pálidos e discretos, tente experimentar um batom carmim intenso. Lábios imensos e escuros são vistos como sensuais, universalmente. E *homens*, não se esqueçam, algumas mulheres adoram homens que usam sombra nos olhos.

FAÇA UMA FESTA A FANTASIA

A condição para entrar é que o convidado deve se vestir como seu fetiche ou fantasia sexual favorito.

- Couro, justo, reduzido – qualquer coisa feita de couro – tem subtons sadomasoquistas.
- Pele artificial – sugere decadência, em especial se estiver nu debaixo de um casaco de peles.
- Uniformes – símbolos de autoridade sempre são sensuais. Vista-se como policial, bombeiro, médico, enfermeira ou professora. Uniformes de criados e garotas de colégio sugerem servilidade e inocência.
- *Cross-dressing* – tente criar pelo menos alguma incerteza momentânea sobre seu gênero verdadeiro.

Diversão com Roupas Íntimas Sexy

Roupas íntimas têm um valor simbólico importante, por serem os últimos itens de roupas que você retira antes do sexo. Quando a roupa íntima é sedosa e sensual, ela pode ser usada como um excelente afrodisíaco, fazendo você sentir-se ótima e garantindo que seu parceiro ficará ansioso para colocar as mãos em você.

TAQUIGRAFIA SEXUAL

Como qualquer roupa, a roupa íntima pode ajudá-lo a desempenhar um papel sexual com convicção. Se você é mulher e deseja o papel de inocente e virginal, escolha roupas íntimas brancas, de tecidos de seda. Confiança e experiência são comunicadas por meio de suspensórios, meias, calcinhas e sutiã negros. Se quer fazer um anúncio luminoso de luxúria, use um corpete vermelho. Utilize as roupas íntimas como informações taquigráficas para informar ao seu parceiro o tipo de sexo que você deseja.

🎀 *Dica para tirar a roupa*

Tirem a roupa um do outro com os dentes. A única coisa permitida é o uso das mãos para o fecho do sutiã dela.

Os homens têm menos variedade de roupa íntima para escolherem, mas, mesmo assim, não devem ser relaxados com elas. Em vez disso, comprem algo que sua parceira considere atraente. Preto, shorts de boxeador de seda são um bom começo. Se você não sabe do que ela gosta, tente o exercício seguinte.

ROUPAS ÍNTIMAS ERÓTICAS

Faça uma lista com seu parceiro dos tipos de roupa íntima que vocês consideram sensuais e uma das que não suportam. Algo como:

Sensual:
- Shorts justos (homens e mulheres) • sutiãs transparentes • faixas negras • *lycra* • roupa íntima branca brilhante.

Brochante:
- Shorts de boxe com a bandeira americana • qualquer coisa amarela • meias • tricô • marcas de correias.

Sensualidade ao Tirar a Roupa

Se você não tem o costume de fazer *strip-tease*, o exercício a seguir pode ajudar. Fique na frente de um espelho que reflita todo seu corpo, finja que está sozinha e tire toda a sua roupa muito devagar. Olhe, de verdade, para o seu corpo no espelho e toque-se como quiser.

PROVOCAÇÃO DELIBERADA

Mulheres Se se sentirem à vontade desnudando-se para seu parceiro, busquem atiçá-lo deliberadamente. Olhem nos olhos dele e removam cada peça devagar, acariciando sua pele quando o fazem. Quando estiverem usando apenas roupas íntimas, provoquem-no, demorando-se ainda mais.

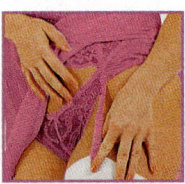

Para acrescentar erotismo
Se isso faz com que se sinta melhor, ou menos tímida, deixe seu homem esconder-se no outro quarto e espiar pelo canto da porta.

Sensualidade ao Tirar a Roupa

Por fim, virem-se de costas para eles e tirem as calcinhas.

Homens Têm um jeito certo e um errado de prepararem-se para o sexo. Vão devagar. Não acabem nus, exceto pelas meias. O melhor modo é vocês tirarem a roupa um do outro, mesmo se acabarem arrancando as roupas com violência.

DICAS PARA O *STRIP-TEASE*

- Evitem peças que tenham que retirar pela cabeça.
- Não usem tricôs ou meias.
- Joguem cada peça no chão assim que a tirarem.
- Usem roupas íntimas sensuais que seus parceiros nunca tenham visto antes.

Tornar o Corpo Erótico

Use uma peça de joalheria erótica sob suas roupas e peça a seu parceiro para desnudá-la. Ou dê joalheria erótica como um presente sensual. Escolha um anel para o dedão do pé, um bracelete de tornozelo, uma decoração para o umbigo ou uma corrente de cintura. Você pode até comprar joias para os genitais.

PIERCING ERÓTICO

Algumas pessoas associam o *piercing* corporal com sensações sexuais. Um anel passando pelo bico do seio, eles dizem, é sensual e fascina. *Piercing* é, com certeza, um modo excelente de chamar atenção para uma parte em especial do seu corpo, como o umbigo, língua ou sobrancelha.

TATUAR OU NÃO TATUAR

Uma tatuagem é um grande compromisso – uma vez que a pele tenha sido injetada com uma tinta indelével, você adquire um adorno corporal que dura por toda uma vida. Mesmo assim, muitas pessoas gostam do *frisson* psicológico de fazer uma tatuagem. Tatuagens escondidas, no lado de dentro do braço, coxas e nádegas podem ser descobertas sensuais para os parceiros fazerem. Até os genitais podem ser tatuados.

Opções menos permanentes são as tatuagens de hena ou aquelas que duram apenas alguns dias e podem ser removidas com óleo. Você pode até ter tatuagens temporárias sob medida. Ofereça uma surpresa a seu parceiro: aplique uma tatuagem temporária e então diga que você tem um segredo em seu corpo e somente ele pode descobri-lo.

A TATUAGEM COMO ARTE

Para algumas pessoas as tatuagens são consideradas trabalho de ilustração. Quando você vê algumas das "coberturas corporais" maravilhosas dos japoneses, você tem uma pista do porquê de eles acreditarem nisso. Um homem muito tatuado chegou tão longe a ponto de estipular que, quando ele morresse, sua pele deveria ser removida, para que pudesse ser colocada em exposição permanente!

Ficar Sensual com Pintura Corporal

O sexo bom contém um elemento de humor, e usar pintura corporal é um jeito maravilhoso de se divertirem, explorarem o corpo de seus parceiros, troquem intimidade e erotismo, e voltem à infância. Tudo ao mesmo tempo. Sem mencionar a sensação ótima que vem depois!

USEM SUAS MÃOS E DEDOS

Usem tintas que são destinadas para uso no rosto ou no corpo, e se vocês não as têm, improvisem com batom. Não se preocupem em usar pincel – o prazer sensual de mergulhar seus dedos nas tintas faz parte da experiência. Ou vocês podem cobrir suas mãos com tinta e deixarem impressões de mão por todo o corpo um do outro. Depois, tomem banho juntos e ensaboem e tirem toda a pintura do corpo um do outro.

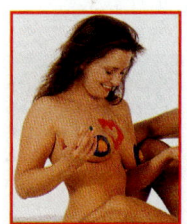

PINTURA DO BICO DO SEIO
Os bicos do seio são a parte mais sensível para a pintura corporal.

JOGOS

- Usem tintas que brilhem no escuro e apaguem as luzes.
- Proporcione uma mudança sexual em seu parceiro: pinte seios nele e um pênis nela.
- Pinte uma travessa de frutas no corpo de seu parceiro, utilizando as curvas e contornos do corpo para sugerir as frutas.
- Pinte os bicos dos seios dela e depois tire cópias em um tecido branco ou papel.
- Desenhe padrões nas nádegas dela e depois peça para ela sentar-se sobre você.
- Vendem os seus parceiros e, então, criem um código de cores em partes diferentes dos corpos deles. Peça para eles escolherem uma cor e, então, estimulem aquela região.
- Escrevam uma preferência sexual nas costas de seus parceiros, mas não executem até eles adivinharem o que é.
- Lambam pinturas comestíveis.

Massagem Sensual

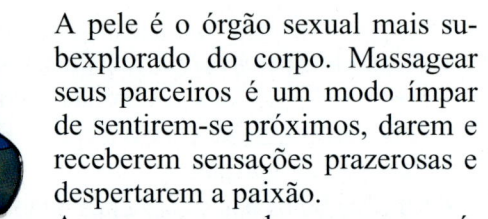

A pele é o órgão sexual mais subexplorado do corpo. Massagear seus parceiros é um modo ímpar de sentirem-se próximos, darem e receberem sensações prazerosas e despertarem a paixão.

A massagem pode ser um exercício de sensualidade em si ou uma preliminar para o sexo. Vocês não precisam de habilidades especiais para fazerem uma massagem sensual – só de suas mãos e imaginação vívida.

REÚNA SEUS PRODUTOS DE MASSAGEM

Criem uma caixa de implementos para jogos de massagem. É quase como uma caixa de brinquedos de criança exceto que, em vez de brinquedos, vocês a enchem com diversos tipos de tecidos, itens domésticos e outros objetos táteis. Peguem objetos que produzem sensações suaves e confortadoras, tais como lenços de seda, penas, pincéis de maquiagem macios e tecidos semelhantes a peles, mas também incluam coisas que provoquem sensações incomuns. Por exemplo, uma luva de borracha, uma escova de cabelos, um rolo de macarrão, uma pedra-pomes, uma bola de tênis, um rolo de pintura felpudo (limpo!).

Alguns seixos lisos, um pouco de plástico de embalagem de alimentos, uma faixa, um fio de contas, um alfinete, um garfo, um pedaço de couro e um pouco de PVC. Agora vocês estão preparados para testarem as habilidades sensoriais de seu parceiro.

UMA VIAGEM SENSORIAL

Peçam a seus parceiros para deitarem e coloquem uma venda neles para que eles se concentrem totalmente nas sensações que eles receberão. Digam que eles serão mimados com um festim de sensações. Comecem batendo neles nas têmporas com um pincel de maquiagem, depois nas nádegas, depois nas solas dos pés. A "massagem" a seguir deve ser tão diferente e criativa quanto possível. Por exemplo, arrastem o garfo, de leve, pelo peitoral deles; testem a sensibilidade deles a alfinetadas leves por todo o corpo; acariciem seus genitais com luvas de borracha; usem a escova de cabelos para escovar os pelos pubianos deles; pressionem os seixos nas palmas de suas mãos, massageiem a parte de trás das coxas deles com o rolo de macarrão. Tentem tocar os genitais deles com todos esses objetos distintos.

Torne sua massagem tão interativa quanto possível. Faça perguntas:

"Você consegue sentir isso?"
"Você sente aqui?"
"Você gosta daquilo?"
"Do que você gosta mais?"

Parte do divertimento da massagem é pedir a quem recebe para adivinhar que objeto está sendo utilizado (e ver o rosto dele quando, no fim, ele descobrir o que é).

A massagem também é uma oportunidade para descobrir que partes do corpo de seu parceiro é mais e menos receptiva a diferentes tipos de toque – informação valiosa, que você pode guardar e utilizar mais tarde quando fizer amor.

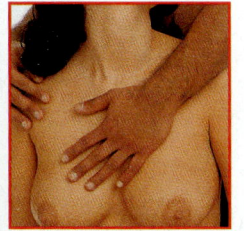

MASSAGEM – O BÁSICO

A única instrução para dar uma massagem é: mantenha suas mãos em contato com a pele o máximo que puder, peça retornos, e não faça nada que machuque. Você pode tornar os seus toques de massagem bons e suaves usando óleos de massagem em suas mãos. Peça a seu parceiro para que fique deitado em uma toalha aquecida.

Você não precisa de um repertório de toques de especialista para dar uma boa massagem: lembre-se apenas de usar massagem com pressão profunda em regiões musculares como os ombros, costas, nádegas e coxas, e batidinhas de leve como pluma em regiões delicadas como o rosto, articulações e barriga. Se tiver dúvidas, deslize as mãos abertas por todo o corpo com uma pressão leve.

Aprendendo a Gostar de Tocar-se

Acredite ou não, tocar-se é um bom modo de aprender a sentir-se segura – ou pelo menos segura de si. Terapeutas que trabalham com mulheres que sentem dificuldades para chegar ao orgasmo descobriram que, quanto mais elas conheceram seu corpo e suas reações sexuais, essas mulheres sentiam mais segurança a respeito de outros aspectos de suas vidas.

Aqui vai o procedimento. Prepare-se antes. Garanta que terá um quarto aquecido e confortável e, antes de tudo, privacidade completa. Pense em qualquer implemento erótico que você gostaria de usar: um livro de fantasias sexuais, óleo de massagem, um brinquedo sexual ou simplesmente uma taça de vinho. Então, coloque-os ao alcance das mãos.

VÁ DEVAGAR

Não tire a roupa rápido demais – comece tocando-se através das roupas e concentre-se nas várias sensações, de modo que você talvez não tenha tempo de fazer com um parceiro. Em vez de tocar os genitais logo de cara, acaricie seus lábios, pescoço, bicos dos seios e barriga com as pontas dos dedos.

PROVOQUE-SE

Desnude-se devagar. Coloque um pouco de óleo de massagem em suas mãos e explore os contornos de seu corpo. Se você encontrar regiões de tensão muscular, massageie-as com suas mãos. Dê batidas e esfregue seu púbis e nádegas, mas não toque em seus genitais. Mantenha-se excitada, tocando zonas eróticas de seu corpo e, depois, comece a tocar, de leve, os seus genitais. Concentre-se nas sensações sobre todo o seu corpo e ouça com atenção a sua respiração. Faça ruídos se quiser e deixe sua mente divagar em fantasias eróticas. Agora se concentre mais em seus genitais, mas resista ao ímpeto de se masturbar até chegar ao orgasmo.

Se estiver ficando excitada demais, diminua o ritmo. Finja que você está provocando um parceiro. Desse modo mantenha-se a ponto de ter o orgasmo por 20-30 minutos.

DEPOIS DO ATO

Quando tiver chegado ao orgasmo, não se levante na hora e se vista. Em vez disso, deite-se de costas e desfrute das sensações de relaxamento após o orgasmo. Feche os olhos e concentre-se em respirar profundamente. Movimente as palmas das mãos em grandes círculos por sua barriga e, se tiver vontade, tire uma soneca.

MUDE SUA ROTINA

Seja experimental quando se masturbar. Faça coisas que

você não faria normalmente. Toque-se com texturas diferentes.

> **🎀 Dicas de ações**
>
> Pense na sessão como um ato de amor por si. Acredite que você merece todas as sensações eróticas que puder se proporcionar. Não toque sua pele de modo comportado. Faça da ocasião uma oportunidade para dar-se um momento sensual em vários sentidos – portanto, a sugestão da bebida. Você pode querer colocar uma música linda, ou se enroscar em um tapete de pele de carneiro. Não hesite em colocar óleo de massagem no vibrador, se for o que você desejar.

Um lenço de seda ou um cordão de contas. Masturbe-se em frente ao espelho, olhando-se em ângulos diferentes. Cubra-se com óleo. Coloque os dedos na boca e explore sua língua e dentro de suas bochechas. Descreva o que está fazendo em voz alta. Masturbe-se com a outra mão. Faça tudo isso em um lugar incomum. Seja criativa com artigos domésticos. E lembre-se de que ninguém está vendo.

Compartilhando Fantasias

Compartilhar uma fantasia é o melhor tipo de jogo sexual espontâneo. Existem muitos modos de representarem os filmes pornográficos de sua imaginação: vocês podem usar fantasias, ou podem contar apenas com a imaginação e interpretação de um papel.

Fiquem juntos de seus parceiros e discutam as fantasias de que vocês gostam, as que produzem sensação de ambivalência e as fantasias de que não gostam. Isso ajuda estabelecer regras básicas para o jogo. Sejam completamente honestos, mas também evitem prejulgamentos. Vocês podem explicar para os seus parceiros que vocês não desejam tentar uma fantasia específica, mas não critiquem a sexualidade deles. Também, se suas fantasias estão focadas em alguém que não é seu parceiro, tenha cautela.

Embora você possa saber que não tem intenção de dormir com seu novo colega de trabalho, você pode facilmente tornar seu parceiro inseguro.

INTERPRETANDO FANTASIAS

Escolha uma cena de sexo favorita de um filme, como por exemplo, a cena da comida no *Nove Semanas e Meia de Amor*, e reencene-a no mesmo lugar, com os mesmos artigos. Assista sua cena de sexo em um espelho, para um efeito cinematográfico.

Escreva diferentes papéis fantasiosos ou personagens em pedaços de papel. Por exemplo, escravo, professora, virgem ou prisioneiro – ou talvez alguém famoso – e depois interaja a caráter.

Pegue um tema de fantasia e decore seu quarto naquele estilo – talvez um vestiário de senhoras oriental, um quarto em estilo palácio do *Kama Sutra*, uma tenda de beduínos ou um antro cheio de brinquedos sexuais.

EXPLORANDO TABUS

Algumas pessoas se preocupam com a possibilidade de suas fantasias serem sinais de uma sexualidade desviante. Por exemplo, fantasias com o mesmo sexo, ou sexo envolvendo força podem fazer as pessoas temerem seus motivos inconscientes. Na verdade, a explicação mais comum para as fantasias é que somos naturalmente arrastados para coisas que percebemos como proibidas, indecentes ou tabus. Entretanto, embora esses tabus sejam eróticos em nossa imaginação, em geral nós não queremos que eles aconteçam na vida real, porque eles provavelmente afetariam as imagens cotidianas "seguras" que projetamos. Se você tem uma fantasia que o deixa nervoso, aqui está um jogo para ajudá-lo.

> ### 🎭 Troca de Fantasias
> Revelar fantasias exige coragem. Nós podemos ter medo de chocar nosso parceiro ou sermos objetos de risadas, ridículo ou até repugnância. O modo de superarmos isso é fazermos um pacto para trocarmos fantasias, alternadamente. Comecem de leve e apimentem suas fantasias aos poucos. A única outra regra é que suas fantasias respectivas devem ter "valor" igual. Por exemplo, se seus parceiros descrevem uma fantasia exótica, então as suas devem ser tão selvagens quanto as deles.

ENTRANDO EM ACORDO COM OS MEDOS

Escolha uma "faceta" ou aspecto de sua fantasia e explique-a para o seu parceiro. A faceta que você escolher deve ser simbólica e capturar os aspectos mais eróticos de sua fantasia. Por exemplo, se você fantasiar sobre ser forçada por um estranho a fazer sexo, diga a seu parceiro que você deseja que ele faça amor com você quando você não estiver esperando, e que ele deve continuar a sedução, mesmo que você proteste. Não se esqueçam: é vital criarem regras em jogos como este. Sempre tenham uma senha pré-combinada, que qualquer um de vocês possa usar para interromper o jogo. (veja *As regras do jogo*, na página 13.)

Criando Cenários

A maioria de nós pensa em camas apenas como lugares para dormir. Grande equívoco, pois lugares para dormir não é a mesma coisa que lugares para fazer sexo. A atmosfera é muito diferente.

RITOS GÓTICOS

Concentre sua imaginação em uma cama de ferro forjado negra, com quatro pilares, enfeitada com cortinas de um azul profundo, que caiam recobrindo a base da cama e os pilares. A iluminação é feita estritamente com velas, a cera escorre de um candelabro de prata, enquanto uma cortina vermelha é baixada na janela. O que você sente quando espreita para dentro do quarto, meio escondida

AMBIENT*
Sexo bom – e jogo
sexuais bons – exigem um
atmosfera sensua

pelas sombras? Antecipação? Curiosidade? Medo? Seu pulso já está disparado e sua mente rumina uma série de possibilidades. Você já sente alguma excitação antes de ser realizado outro movimento. Para um jogo sexual em uma atmosfera como esta, vocês podem fingir que são um monge e uma freira noviça.

IMAGENS MOURISCAS

Nós temos ideias de sensualidade a partir do que vemos à nossa volta. Se você se encontrar em um quarto turco, por exemplo, revestido com os púrpuras e vermelhos do deserto, uma cama de plataforma pequena e camadas de tapetes coloridos e brilhantes, em que você pensa? O que vem à minha mente é arrastar-me até aquela cama ampla, brincar, movimentar-me e explorar – talvez fingindo ser escrava e sultão ou a virgem assustada, seduzida por um pirata do deserto.

NO BANHEIRO

Se quiser transformar um cômodo rápido, o banheiro é o ideal: apague a luz e use velas, óleos perfumados, buquês de flores e nuvens de vapor. Um hotel de praia de Los Angeles, bonito mas casual, decora suas instalações de banheiro assim: cada banheiro possui uma janela imensa, que abre para o quarto, de modo que você pode sentar-se em sua jacuzzi borbulhante e olhar, através de ambos os cômodos, para uma janela, pintada no fundo do quarto, mostrando a praia e o mar. A cena à sua frente é fantástica: é verde, azul e borrada. É como o melhor tipo de feriado.

TRANSFORMANDO A DECORAÇÃO DE SEU BANHEIRO

Nem todos têm o Oceano Pacífico como pintura de fundo, mas quem dirá que não podemos criar nossa própria vista simulada? Pense seriamente em criar uma janela falsa na porta do banheiro, colocando uma pintura ou fotografia:

- do mar (estimula a ideia de uma sexualidade preguiçosa de verão);
- do céu (noções orientais de sexo espiritualizado);
- da floresta tropical (quase quente demais para se movimentar, pingando suor como em um sexo fervente).

ACESSÓRIOS

Bons acessórios realmente tornam o banheiro sensual. Tente pequenos volumes de poesia erótica espalhados pelo banheiro, uma cesta de velas com perfume suaves, sais de banho exóticos, música romântica ou uma mancheia de pétalas de rosas vermelhas espalhadas pelas águas esverdeadas em movimento da banheira.

Deusa e Sacerdote

Nesse jogo sexual, a mulher faz o papel da deusa – pronta para ser adorada. O homem faz o papel do sacerdote – ansioso para servir. Por toda uma tarde, a função dele é dar prazer sexual a ela e submeter-se a sua autoridade.

Você pode montar essa encenação em qualquer tipo de relacionamento sexual, mas é muito útil quando a mulher sente dificuldade para relaxar e receber prazer sexual ou acha difícil falar sobre sexo. Também é bom quando o homem usualmente controla o que acontece durante o sexo ou deseja dar atenção especial a sua parceira.

AS REGRAS DA ENCENAÇÃO

O sacerdote deve pedir permissão à deusa antes de fazer qualquer coisa. A deusa tem a liberdade de dizer "sim" ou "não" para qualquer coisa, sem explicar suas razões. O sacerdote nunca deve discutir ou desafiar; ele deve ter consideração

deferência, e ser obedi[...]
cionar companheirismo in[...]
sexual e sensual. O papel dela é si[...]
car em suas necessidades e sensações, se[...]
culpa ou a necessidade de ser recíproca. Ela pode
fazer exigências sexuais em qualquer estágio da
brincadeira.

PREPARANDO A ENCENAÇÃO

A encenação da deusa e do sacerdote pode acontecer em casa ou em um quarto de hotel agendado especialmente para isso. Os temas são luxúria e indulgência, portanto, comece a noite oferecendo a sua parceira um banho quente, perfumado com algumas gotas de óleo essencial de rosas. Ilumine o banheiro com velas de igreja e ofereça uma taça de champanhe para ela. Ofereça-se para jogar água nas costas e ombros dela e lavar o seu cabelo. Não entre na banheira com ela – seu papel é simplesmente dar prazer.

Passe a parte seguinte da tarde criando intimidade –

...gue e beije-a – e passem o tempo relaxando e conversando. Gradualmente, torne-se mais íntimo: beije o pescoço dela e puxe os seus cabelos. Mas lembre-se de receber as dicas dela – leia a linguagem corporal e tente imaginar o que ela gostaria que você fizesse. Se ela reagir positivamente a seus beijos, então avance na intimidade. Porém, não vá direto para os genitais dela. Concentre-se na parte superior do corpo. Afague os ombros dela e acaricie os seus seios. Pergunte a ela se deseja uma massagem.

Análise do jogo

O argumento por trás desse jogo é que, com o sacerdote sendo forçado a pedir, cada vez que ele deseje fazer algo, a deusa tem percepção de uma sensação de controle. Portanto, se ela é um tanto inibida, ela pode levar a encenação em um ritmo que considere seguro, porque acontece no ritmo dela.

Quando você sabe que sua parceira está excitada, peça para desnudá-la. Então, dê a ela a atenção sexual que você sabe que ela adora. Por exemplo, acaricie devagar o clitóris dela, com seus dedos ou com a língua. Explore a vagina e o ponto G dela. Continue reagindo à linguagem corporal dela e torne claro que você tem todo o tempo do mundo para estimulá-la. Diga a ela para lhe contar se ela deseja um favor sexual em especial. Quando ambos estiverem completamente excita- dos, peça permissão para fazer amor com ela.

Assegure-se de que ela tenha um orgasmo, se ela quiser um. Demore-se nisso. Por fim, depois do ato, reserve um momento para conversarem e se aconchegarem.

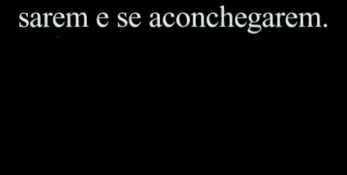

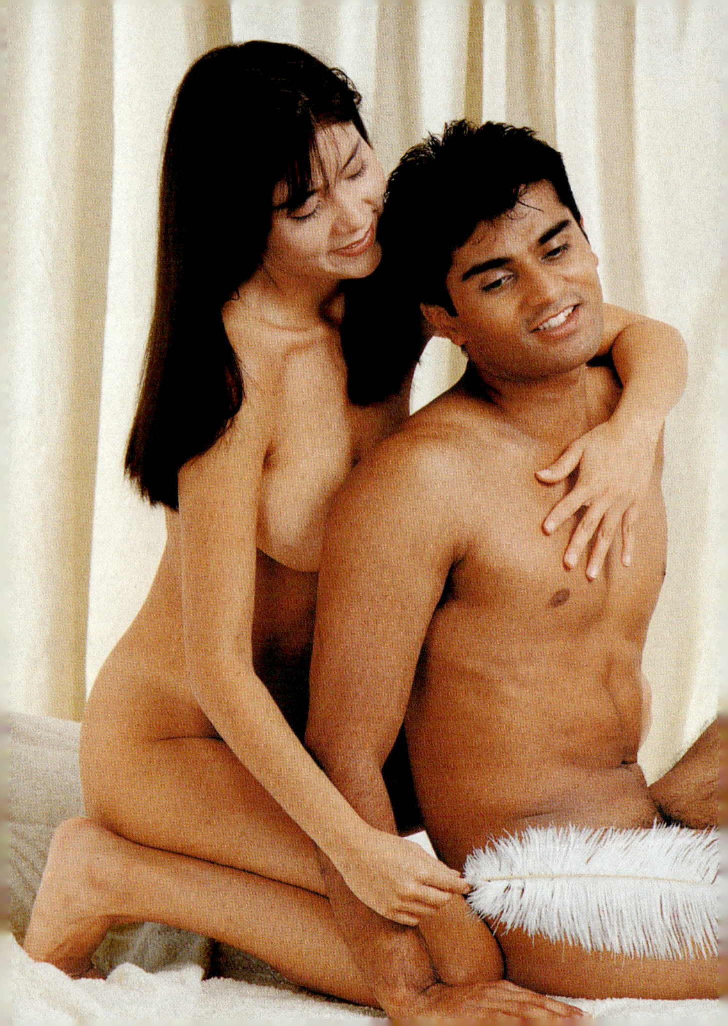

Brincando com acessórios

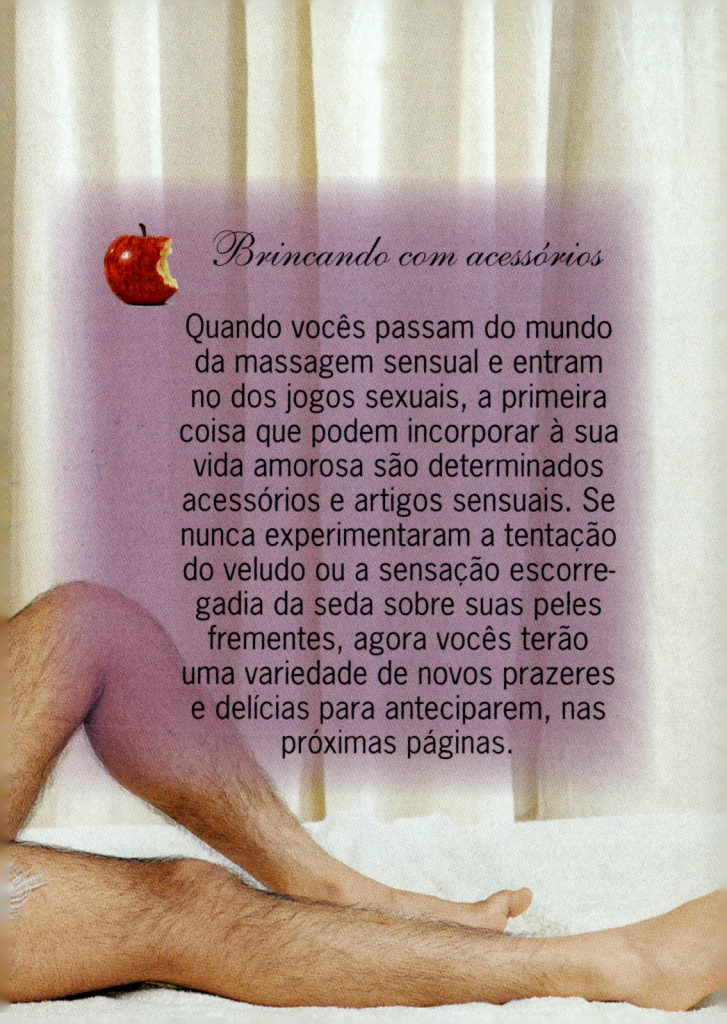

Quando vocês passam do mundo da massagem sensual e entram no dos jogos sexuais, a primeira coisa que podem incorporar à sua vida amorosa são determinados acessórios e artigos sensuais. Se nunca experimentaram a tentação do veludo ou a sensação escorregadia da seda sobre suas peles frementes, agora vocês terão uma variedade de novos prazeres e delícias para anteciparem, nas próximas páginas.

Acessórios Sensuais para Jogadores

A maioria dos melhores jogos sexuais usa acessórios – itens que estendem e melhoram as ações. Se o sexo heterossexual é o seu favorito, então, um vibrador ainda pode acrescentar excitação. Se algo sombrio faz sua pulsação disparar, vendas, refreadores, brinquedos sexuais, presentes escolhidos com cuidado ou cartas que deixam você a todo vapor, tudo isso amplia sua experiência sensual. Nas páginas seguintes eu descrevo em detalhes alguns itens escolhidos, que vocês podem pensar em usar com seus parceiros para aprofundarem sua experiência sexual compartilhada. Começando com a venda, básica, porém sensual.

> ### 🐪 Dica de ações
> - Não amarre a venda com muita força. Você apertará os olhos de seu parceiro, o que pode ser bem doloroso.
> - Não amarre a venda muito frouxa. (A não ser que faça parte do jogo uma visão parcial!)
> - As melhores vendas são as máscaras de dormir com elástico.

Acesórios Sensuais para Jogadores

Uma venda proporciona uma sensação de abandono. Ela permite que você se sinta vulnerável. Você não sabe onde está quando a usa. Não tem ideia de que obstáculos enfrentará. Sua mente começa a disparar, enquanto imagina os riscos que residem fora de seu alcance ocular e seus níveis de ansiedade sobem cada vez mais.

São essas emoções em turbilhão que o Mestre/Senhora do Jogo astuto percebe e usa com sabedoria. Por exemplo, a maioria dos jogos de restrições inclui alguma versão de um lenço macio amarrado em volta dos olhos ou uma máscara ocular de veludo negro. Não é apenas porque o jogador sente grandes frêmitos de sensualidade enquanto está amarrado e cego. Também é por oferecer uma visão atraente para você, a Senhora do Jogo.

Ritos de Iniciação

Está toda vestida de couro ou borracha e procurando algum lugar para ir? Que tal uma viagem à Academia dos Jogos? Talvez você gostasse de se qualificar oficialmente como Mestre do Jogo ou Senhora do Jogo? Se quiser, você terá de passar pelos ritos de iniciação.

FAÇA O TESTE

Você e seu parceiro podem se alternar tentando o seguinte – quem receber deve estar totalmente vendado!

• identifique os odores do sexo. Será oferecida a você uma variedade de cheiros incomuns e você é solicitado a dizer qual deles você associa com que aspecto do ato sexual. Esses podem incluir o cheiro de óleo de massagem, transpiração da axila, o odor de borracha, fluido seminal e fluidos vaginais.

- Identifique tentações táteis. É oferecida a você uma série de materiais e texturas incomuns para que você comente. Esses podem incluir: seda, cetim, pele, penas, gelo, creme dental, gel lubrificante.
- Identifique acessórios de restrição. Você pode ter a sensação de ser espancado de leve (com uma mão), golpeado com vara (com um bambu bem leve), chicoteado com um chicote de nove tiras ou estimulado com um pedaço de pele. O prêmio por acertar é ser espancado mais um pouco.
- Identifique a mistura de prazer e dor. Você será submetido a estimulação com cubos de gelo, depois esfregando com algo muito quente;

Dica de ação

Para homens e mulheres especialmente suscetíveis a estimulação no bico do seio, você pode querer saber que um dos grandes sucessos de vendas em termos de apetrechos sexuais do ano 2000 foram os grampos de bico de seio!

Grampos para o bico do seio e corrente com pesos.

- com as orelhas sendo assopradas com suavidade, depois mordiscadas; sentir seu pescoço beijado, lambido, e então mordido de leve. Ter os bicos dos seios primeiro sugados, depois mordidos com pouca força.
- O Garanhão. Suas roupas íntimas são rasgadas e seus genitais expostos. A parte final do teste é ver se você consegue ficar excitado o suficiente durante o ato, para que sua parceira tenha um orgasmo sem que você mesmo o tenha.
- Se você passar nesse teste, ganhará Prêmio por Realização. Ele consiste em dizer ao seu parceiro como você gostaria de gozar.

FAÇA UM TESTE AVANÇADO

Em outra ocasião, você pode querer jogar um jogo semelhante com seu parceiro. Desta vez, torne a situação mais desafiadora e vulnerável – garanta que não terá venda. Você pode:

- amarrar o iniciado com amarras leves, usando cordas de seda para prender suas mãos à cabeceira da cama,
  - ou algemar seu parceiro por uma mão apenas ao pé da cama,
  - incluir penetração vaginal com uma variedade diferente de brinquedos sexuais,

- ou uma penetração anal com pequenos vibradores ou plugues.

Para tornar o teste mais difícil, proíba-os, em intervalos constantes, de chegarem ao clímax. Ameace-os de que se eles chegarem ao orgasmo, eles terão falhado. O que pode significar apenas uma coisa. Eles terão de refazer o teste em outra ocasião, até que deixem você completamente satisfeito!

ACESSÓRIOS

Um examinador da Academia de Jogos deverá ter:

- retalhos de cetim, seda, veludo,
- uma luva de pele, penas, gelo, gel lubrificante, ou algum outro lubrificante sexual,
- uma vara, um caniço, um chicote de nove tiras,
- grampos de bico do seio,
- cordas de seda, algemas "seguras",
- vibradores anais e vaginais e plugues.

Fantasias com Vendas

Talvez por resultado de sua habilidade visual, as pessoas cegas em geral desenvolvem um sentido de audição muito apurado. Certos ruídos chegam fácil à intelecção, tornando suas mentes capazes de se precipitarem nos cenários mais dramáticos. É por isso que usar uma venda quando estiverem fazendo amor pode concentrar a mente maravilhosamente. Para um jogo de venda que é baseado em uma fantasia sexual que existe há muito tempo e é muito popular, copie o grande astro do cinema mudo Rodolfo Valentino, em *The Sheik*:

PARA A MULHER

Vende sua mulher e diga-lhe que você está levando-a para o harém de um sultão turco. Já que ele é extremamente feio, ele não permite que o vejam. Caso ela seja pega espiando, ela apanhará com vara. No harém ela será atendida por eunucos.

Fantasias com Vendas

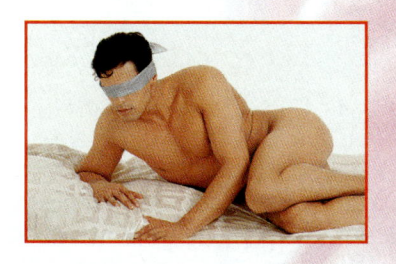

Esses eunucos devem prepará-la para o sultão. Essa preparação consiste em esfregar o corpo dela com óleos e então estimular os seus genitais para que ela fique "pronta" para o grande rei. Seu trabalho é fazer o papel dos eunucos do sultão.

PARA O HOMEM

Vende o seu homem e diga-lhe que você está levando-o para um harém de mulheres exóticas. Essas mulheres podem usá-lo como elas desejarem. Enquanto você monta nele, poderá proibi-lo de chegar ao clímax. Manipule o corpo dele com suas mãos para colocá-lo na posição que considerar apropriada. Quanto mais você usá-lo, enquanto o proíbe de chegar ao clímax, mais ele vai desobedecê-la.

Diversão com Plumas

Uma das experiências de toque mais tentadoras e exóticas a sair de São Francisco, nos anos 1979, foi a massagem de pena de pavão. As penas de pavão são lindas, elas deslizam pela pele e fazem cócegas no receptor inocente, que é conduzido a uma submissão cheia de contorções. O melhor cenário entre todos é quando dois homens jovens e lindos, semidespidos, armados com plumas, colocam suas clientes femininas ávidas em uma hora de êxtase tátil. E nem tem sexo envolvido! Para esses jogos você precisará de duas penas de pavão, ou avestruz como alternativa, e talco.

Dica Emplumadas

- Primeiro, cheque se o seu parceiro não é alérgico a penas.
- Não amarre os nós com muita força.
- Apenas jogue jogos de amarrar se tiver o consentimento de seu parceiro e utilize uma senha.

Diversão com Plumas

AQUI ESTÁ O QUE VOCÊ PODE FAZER:

- Arraste a pluma acima, no lado de dentro da coxa, do joelhos até os genitais, batendo "acidentalmente" nos genitais, quando chegar lá.
- Salpique talco em seu parceiro e use a pena para varrer o talco do corpo.
- Escreva: "Eu te amo" com a pena, muitas e muitas vezes, no peito nu de seu parceiro.
- Faça cócegas em cada centímetro da pele de seu parceiro.
- Use o toque da pena de pavão como uma massagem sensual preliminar.

BATIDAS LEVES
Bata com uma pena em seu parceiro, para intensificar o erotismo e aumentar a excitação.

Sensualidade com Tecidos

FAÇA UM BANQUETE DE TECIDOS PARA O CORPO

Equipe-se com retalhos de seda, veludo e pele. Vende seu parceiro com uma faixa longa de veludo e leve-no para um aposento superaquecido. Confira se o quarto já está aromatizado com

Sensualidade com Tecidos

perfume ou com um incenso aceso com uma fragrância suave.

Quando ele estiver lá parado, vendado, diga-lhe que agora ele terá de se submeter a qualquer coisa que você resolva fazer com ele. Este é o sinal para retirar as roupas dele devagar e fazê-lo se deitar em um colchão ou uma cama coberta com um lençol de veludo grande. Diga ser imperativo ele deitar com as pernas separadas.

ELEVEM A ANTECIPAÇÃO DELES

Agora é o momento de afagar cada centímetro da pele dele com cada um dos tecidos sensuais que vocês têm em mãos. Você pode passar o tecido rápido pela maior parte do corpo dele, fazer cócegas e provocá-lo com cada um dos materiais e, por fim, utilizar os materiais para massagear o corpo dele. Ele estará o tempo todo tentando imaginar o que acontecerá entre suas pernas. Você o mantém na expectativa. No fim, repita o processo com o genital dele.

Antecipação deliciosa

O fato de o vendado não poder ver:
- aumenta sua expectativa;
- faz com que se sinta especialmente vulnerável;
- encoraja suas fantasias.

A Cantora de Ópera

Telefone para a sua parceiro e diga-lhe que ela deve comparecer à sua lição de canto às 6h em ponto, em seu domicílio. Não aceite um "não" como resposta. Se ela se queixar de que não é capaz de cantar, diga que agora ela vai aprender.

Quando ela chegar, convide-a para a sala de música. Pode ser qualquer quarto de sua casa; mas é preferível que tenha pelo menos um instrumento musical. Um piano seria o máximo, mas se não for possível, um gravador ou guitarra servem. Explique a ela que você é um professor de canto rigoroso. Você espera que ela faça a lição corretamente e, caso ela erre em algum momento, será punida. Comece pedindo que ela cante uma canção simples. De cara, deixe claro que você será um mestre muito exigente, criticará seus erros mais básicos.

Torne suas instruções mais difíceis, na medida em que a lição progride. (Você precisa que ela cometa erros!) Você pode pedir-lhe que ela cante a nota que você tira do afinador, cante no tempo do ritmo que você coloca no metrônomo, ou, talvez, repita qualquer sequência sem sentido de notas que você tocar.

AS PUNIÇÕES

Como "punição" pela falha que acontecer em cumprir suas instruções, você pode fazer com que ela vá se despindo, uma a uma, faça um telefonema quando estiver nua, ou curvar-se para ser espancada. Como alternativa, você pode fazer com que ela continue cantando, mas agora toda nua e curvada para a frente.

SUAS AÇÕES

Enquanto ela continua a cantar, mostre exatamente suas punições e sua satisfação com ela, alternando espancamentos leves com afagos suaves e esfregações nas nádegas dela.

Lubrifique a boca dela com seu dedo (para ajudar a "purificar" as notas), lubrifique a vagina dela com seus dedos (pela mesma razão), e force-a a continuar cantando, enquanto você a penetra. Intensifique suas "punições" forçando-a a continuar, enquanto você esfrega o clitóris dela com seu dedo ou faz sexo oral nela.

LIÇÃO DE CASA

Quando terminar sua lição, você deve presenteá-la com uma gravação da lição, para que ela leve-a para casa e veja se existe algum modo de ela melhorar sua técnica.

ANÁLISE DO JOGO

O jogo depende de sua habilidade em permanecer no personagem. Sua rigidez, como professor, fará com que sua parceira sinta-se um tanto nervosa, mesmo que ela saiba que, na verdade, é você. O fato de você realizar a punição, mesmo em proporção direta com a habilidade dela, irá incomodá-la. O fato de você insistir em continuar – mesmo que ela se sinta boba ou em dúvida – intensificará as emoções dela.

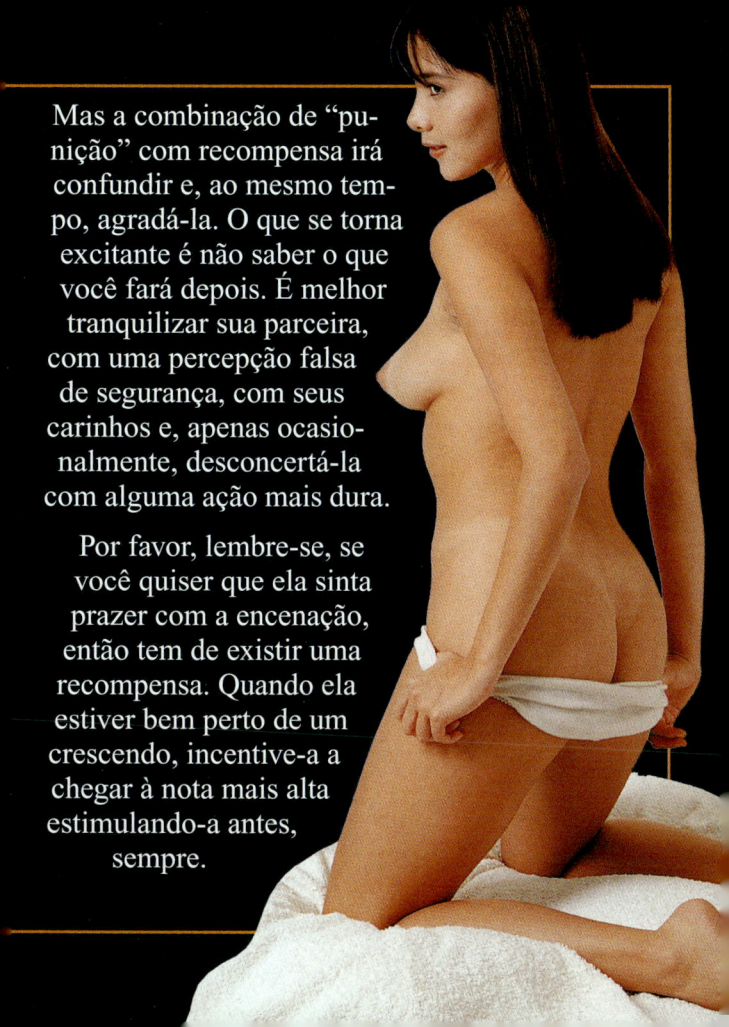

Mas a combinação de "punição" com recompensa irá confundir e, ao mesmo tempo, agradá-la. O que se torna excitante é não saber o que você fará depois. É melhor tranquilizar sua parceira, com uma percepção falsa de segurança, com seus carinhos e, apenas ocasionalmente, desconcertá-la com alguma ação mais dura.

Por favor, lembre-se, se você quiser que ela sinta prazer com a encenação, então tem de existir uma recompensa. Quando ela estiver bem perto de um crescendo, incentive-a a chegar à nota mais alta estimulando-a antes, sempre.

A Sensualidade da Fantasia de Pe...

Dê a seu parceiro uma experiência apaixonante e sensual com essa aventura sexual em estilo russo. Conte sua história e represente de acordo com ela. Você precisará de um tapete ou casaco de peles para este jogo.

Vocês são nobres russos viajando em alta velocidade por uma paisagem de neve em sua *troika*. Enrolados em um tapete de peles, vocês estão protegidos do inverno russo rigoroso. De repente, a *troika* é parada bruscamente. Salteadores agarram vocês e os tiram do trenó. "Tire a roupa", eles dizem, e,

A Sensualidade da Fantasia de Pele

no frio mais glacial, vocês tiram toda sua roupa. Vocês sabem que congelarão até a morte. Então, quando os salteadores vão embora, eles jogam o tapete de pele para vocês, rindo de sua nudez. Enrolando o tapete em seus corpos, vocês vão em direção a uma cabana de madeira na orla da floresta. Depois de terem feito um fogo lá, vocês dormem.

De manhã você acorda e encontra seu parceiro esfregando a pele em seu corpo e entre suas pernas. De repente, você é agarrada pela cintura e colocada de quatro. Você é pega por trás. As mãos de seu parceiro alcançam e estimulam a partir da frente. Quando você mergulha em um clímax intenso, ouve o zunido do vento nos montes de neve lá fora. Você sabe que não serão resgatados por dias.

Brincando com Vibradores

No primeiro desses jogos o homem é o Mestre do Jogo. Na segunda brincadeira, a mulher é a Senhora do Jogo. Como em todos os jogos sexuais imaginativos, a primeira regra é que vocês devem ter certeza absoluta de que suas ações serão bem-vindas.

FELIZ NÃO ANIVERSÁRIO

"Hoje", diz o Mestre do Jogo, "é seu não aniversário". Ele produz um belo pacote embrulhado. Você escolhe abrir ou não, mas se o fizer, o fato de desembrulhar o pacote significa que você concorda em submeter-se a qualquer comando dele.

> ### *Dica de ação*
> Para este, ou qualquer outra encenação funcionar, você deve saber que mesmo se tiver a sensação da presença de outras pessoas por perto, de fato, não deve haver possibilidade de vocês serem observados, interrompidos, ou expostos em público de nenhum modo.

Brincando com Vibradores

Uma vez que apenas os verdadeiros masoquistas NÃO abririam o presente, naturalmente você vai abrir o pacote. Dentro dele tem um vibrador para mulheres, fininho, do tipo caneta. "Tire suas calças", ordena o Mestre do Jogo. Ele senta no sofá e ordena que você se recoste nos joelhos dele. Então, ele começa a fazer cócegas e dar batidas em seus genitais.

Depois, o Mestre do Jogo pega o vibrador e dá prazer ao seu clitóris e lábios vaginais, com o vibrador fino, em forma de caneta. "Agora fique com os olhos fechados o tempo todo", ele comanda. Quando você fecha as pálpebras, obediente, você fica ciente, com muito prazer, de que ele mudou o pequeno vibrador do clitóris para a vagina. Ou ele? Esse vibrador parece ter crescido e, agora, ele preenche você toda. E ele se remexe dentro de sua vagina da maneira mais extraordinária. Como pode um vibrador tão fininho produzir essa sensação?

Qual o segredo do Mestre de Jogo? Quando você fechou os olhos, ele trocou o vibrador fino em forma de caneta por um maior, dual, que eleva tanto seu prazer vaginal quanto o clitoriano.

EXAME PARA O TIME

A Senhora do Jogo diz a você que, se você quiser jogar no time, precisará fazer um exame. Vestido apenas com uma camiseta você é instruído a pegar a bola que ela jogar para você. Se não pegá-la, você será punido. É impossível pegar as bolas, pelo modo como ela joga. A punição é iminente. "Ajoelhe-se!", ela ordena. A partir de trás você a sente grudar um anel grosso em volta do seu pênis e uma correia, saindo desse anel entre suas pernas e passando por trás de sua bunda.

"Responda a essa pergunta," ela ordena. A questão, quando é feita, não tem resposta possível. Cada vez que você falha, ela aperta um controle e o anel na base de seu pênis vibra. No fim ela deixa o anel vibrando o tempo todo, enquanto massageia você com as mãos.

Anel peniano básico

Anel peniano com estimulador anal

Quando você chegar ao clímax, você fica se perguntando se passou no teste ou não!

Brincando com Vibradores

Brinquedos sexuais para garotas

Há uma variedade imensa de vibradores disponíveis no mercado hoje em dia. Alguns desses são feitos especialmente para estimulação adicional do clitóris, ou contém extras imaginativos.

Dildo *Vibrador básico* *Vibrador com estimulador de clitóris* *Vibradores com inovações*

Vibrador de bico do seio e vaginal com inovações *Bolas tailandesas* *Cabeças intercambiáveis para vibradores, para variar as sensações.*

Entrando na Borracha

Você não tem que ser fetichista para admirar a aparência de sua parceira quando ela se veste com uma roupa de borracha (ou PVC) brilhante negra. E você já parou para pensar qual a sensação de usar borracha?

Ela gruda em cada poro de sua pele, agarra e aperta suas carnes, desliza quando você sua, sente o cheiro adocicado do seu corpo suado, dentro desse confinamento apertado. O calor que seu corpo gera fica aprisionado dentro dessa vestimenta sensual, faz a temperatura subir, em mais que um sentido. Parceiros envoltos em borracha contam terem se sentido tão febris, que caíram uns sobre os outros com paixão.

DOMINAÇÃO
Roupas de borracha são um acessório ótimo para jogar jogos sensuais de dominação.

Entrando na Borracha

JOGO DE VESTIR

- Vista-se para um encontro em látex negro justo. Botas negras longas são DEMAIS! Sem dar nenhum aviso anterior a seu parceiro, chegue ao lugar de encontro, vestida a caráter. Você vai ficar linda.

- De volta a seu apartamento, dê a seu parceiro um vidro de óleo especial e peça a ele/ela para esfregá-lo dentro de sua roupa – para você poder tirar a roupa!

- Quando começar a tirar a roupa, garanta que sua calcinha, também de borracha, seja do tipo especial que permite fazer sexo sem remoção.

- Entregue um vidro de óleo para seu parceiro e peça para ele/ela esfregar as partes nuas que agora estão expostas.

- Depois esfregue-o/a com óleo e deslizem um pelo corpo do outro para a frente e para trás.

Vestido com Couro

Couro molhado oferece todo o efeito do plástico filme e mais ainda. Couro também é um material reconhecido pela moda, e desfiles para amantes do couro fazem parte das estações de moda.

JOGOS

- Faça seu desfile de modas. Quando o parceiro comprar, faça com que pague em espécie.
- Vista-se com couro para o sexo. Coloque uma roupa íntima de fetiche e insista que seu parceiro faça o mesmo, antes de você concordar em fazer sexo.

Comprando couro

Boutiques vendem borracha, couro e acessórios. Também existem empresas que vendem por correio e websites na internet.

Tornando tudo Embrulhado

Papel filme para embalar alimentos pode não ser sua primeira escolha como brinquedo sexual, mas ele pode ser sutilmente provocativo e surpreendentemente erótico, quando usado com imaginação. Você pode tentar:

Cobrir o torso de sua parceira de modo que só os seios fiquem de fora, com os bicos dos seios cobertos com plástico.

Cobrir entre as pernas de sua parceira de modo que os lábios fiquem presos abertos sob uma camada de plástico filme que não obstrui a entrada da vagina.

Ou em volta do escroto dele para formar um tipo de anel de testículos, ou em volta do pênis deixando apenas a cabeça livre.

> 🎀 *Cuidado!*
> Nunca coloque plástico filme no rosto ou perto do rosto de seu parceiro. Isso pode ser extremamente perigoso.

Criando uma Amarra

Um Mestre do Jogo entende que para muitos homens e mulheres ficar indefeso é um precursor da excitação sexual. Também é um intensificador do sexo, já que o estado de mente que as amarras evocam significa que você experimenta o ato sexual com uma sensibilidade sexual aumentada.

O JOGO DA PRISIONEIRA

Proíba a prisioneira de fazer qualquer movimento. Desnude-a, deite-se sobre os seios e genitais e "interfira" com ela. Diga a ela que, por ser uma criminosa, ela deve ser punida.

EQUIPAMENTO

Você vai precisar de uma corrente leve ou amarras de seda. O ideal é que a prisioneira tenha os bicos dos seios com piercing e tenha argolas de bicos nos seios. Se ela possuir anéis nos bicos dos seios, passe uma corrente ou amarras pelos anéis, leve-os até a cintura e amarre, para dificultar que ela se mova muito sem que a corrente ou a cordão de seda puxe os seios dela.

TORTURE A PRISIONEIRA

Sua tortura pode consistir em:

- Enrolar as correntes em volta dos seios dela e beliscar os bicos, ou por instantes grudar neles um par de grampos de seios e vibrá-los. (Você pode comprar grampos de seios vibradores.)
- Amarrar as correntes entre as nádegas dela e deslizá-las entre as laterais de sua vagina, masturbando-a com isso.
- Tratar o corpo dela como uma mesa e comer nela.
- Dizer a ela para ficar de quatro e, enquanto a masturba, ordenar que ela se mantenha completamente imóvel. Se ela se movimentar, você parará a ação.
- Movimentar as correntes para cada lado da parte interior das coxas dela e cavalgá-la.

CONFORTO
Se você amarrá-la, garanta que ela fique confortável.

É Dele o Custo

Existe uma faixa de pessoas que se sente extremamente poderosa em sua vida cotidiana e dão banho de autoconfiança. Entretanto, é esse tipo de pessoa que precisa ser levado a extremos, para se sentirem muito pequenos e poderem relaxar, colocando-se totalmente nas mãos versáteis de um Mestre/Senhora do Jogo.

O JOGO DA AUTO-HUMILHAÇÃO

Este jogo é baseado em provocação e funciona bem com homens poderosos que reagem eroticamente à humilhação.

- Convença seu homem a ser amarrado. Se ele reclamar, diga a ele que você promete que ele gostará depois.
- Quando ele estiver amarrado, de uma maneira tão provocadora quanto possível (você pode passar as amarras em volta dos genitais dele), diga a ele: "Então, você pensou que fosse ter todos os tipos de favores sexuais, quando concordou em ser amarrado. Pobre tolo. Você realmente caiu nessa, não caiu? Que homem imbecil você é!".

É Dele o Custo

- Agora descreva as necessidades dele e diga quão patéticas elas são. Explique para ele que você sabe que ele gostaria de X, Y, Z. Então, demonstre desprezo por essas ideias.
- Fique na frente dele e masturbe-se, perto o suficiente para que ele quase a toque – mas não consiga...! "Aposto que você gostaria de fazer isso.", você pode dizer, enquanto continua a estimular-se. "Ah, como é gostoso!"
- Se ele quiser mais humilhação, conduza-o como a um cão, cavalgue nele como se fosse um cavalo, e faça piadas sobre as necessidades bizarras dele enquanto faz tudo isso.
- Por fim, dê um pagamento a ele, estimulando seus genitais, dizendo a ele enquanto o estimula, que ele não tem nenhuma escolha a não ser aceitar qualquer interferência que você escolha para fazer nele.

🎀 Salvaguarda

Avalie muito bem seu parceiro antes de tentar dominação verbal. Com o parceiro errado esse jogo pode ser desesperador.

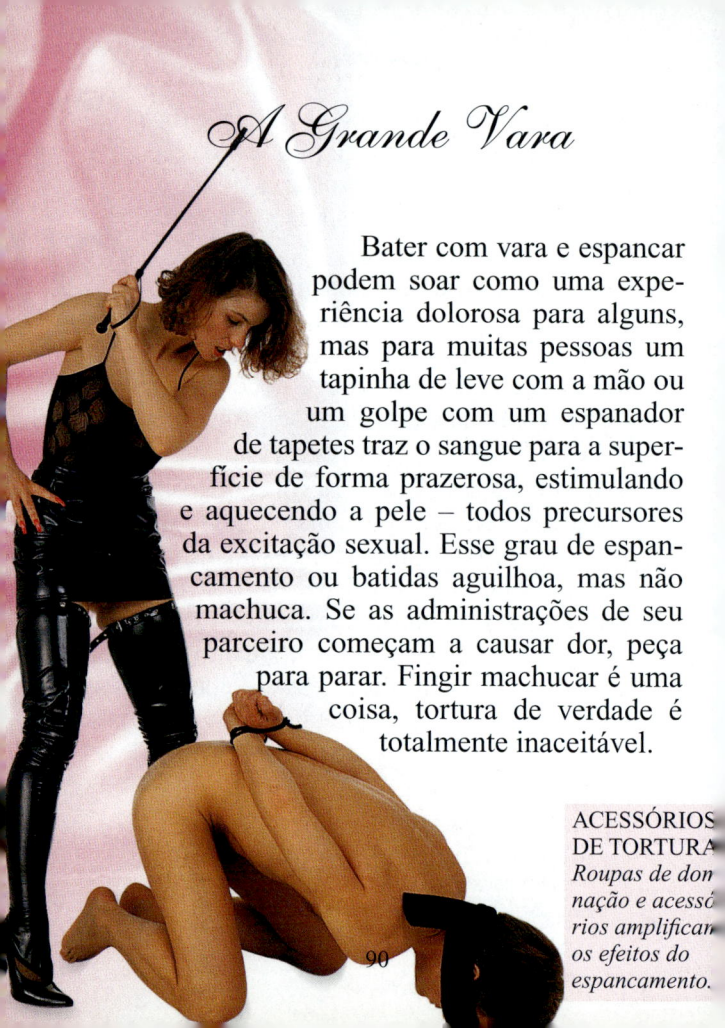

A Grande Vara

Bater com vara e espancar podem soar como uma experiência dolorosa para alguns, mas para muitas pessoas um tapinha de leve com a mão ou um golpe com um espanador de tapetes traz o sangue para a superfície de forma prazerosa, estimulando e aquecendo a pele – todos precursores da excitação sexual. Esse grau de espancamento ou batidas aguilhoa, mas não machuca. Se as administrações de seu parceiro começam a causar dor, peça para parar. Fingir machucar é uma coisa, tortura de verdade é totalmente inaceitável.

ACESSÓRIOS DE TORTURA
Roupas de donação e acessórios amplificar os efeitos do espancamento.

A Grande Vara

INSTRUMENTOS SEGUROS

Espanador de tapetes, raquetes, espátulas, batedeiras de ovos e debulhadores de milho suaves NÃO machucam. Chicotes e varas MACHUCAM, então só use-os com moderação.

JOGO – ONDE VOCÊ GOSTA QUE BATA?

- Neste jogo você oferece ao seu parceiro um espancamento leve ou para bater nele com vara – o que for mais aceitável.
- Você pergunta: "Onde você gostaria de ser espancado? Aqui ou ali?" Quando seu parceiro disser "Aqui", então chicoteie ou bata nele com vara em outro lugar.
- Quando seu parceiro protestar, então bata em outro lugar, de novo. A ideia é atormentar e provocar.

   É claro que de vez em quando você espancará a parte apontada por ele, mas o objetivo é frustrá-lo tanto quanto satisfazê-lo. Mas por que frustrar o seu parceiro? Porque isso deixa as pessoas agitadas. E qualquer agitação aumenta a excitação sexual.

🎀 *Dica de ação*
Não se esqueçam de combinar uma senha antes.

Acordo para Amarrar

Jogos de espancamento não significam apenas propiciar ao receptor uma dor prazerosa. Jogados com cuidado eles também são episódios engraçados, uma vez que eles se apoiam na charada da "amarra" e "amarra dupla". Essas amarras duplas podem ser produzidas arranjando o jogo de modo que o jogador não possa ganhar, não importa o que fizer. Por exemplo, você estabelece regras no início – mas depois, enquanto joga o jogo, de repente, você muda as regras sem aviso.

Você impõe novos patamares. Você arranja o jogo, deliberadamente, de modo que o seu parceiro nunca acerte.

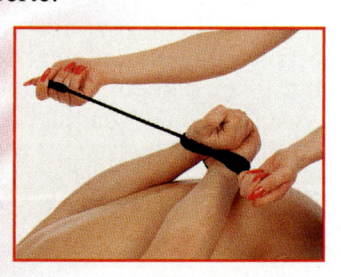

O JOGO DO "OBRIGADO".

Cada vez que der uma raquetada em seu parceiro, ele deve dizer "obrigado."

- Se ele esquecer porque está transportado pelo erotismo da pancada, ele deve ser punido com outra pancada.
- Se ele não se entusiasmar o suficiente, bata com mais força.
- Se ele soar entusiasmado demais, acuse-o de exaltar-se demais.
- Faça-o contar as pancadas, mas depois insista que ele contou errado – mesmo (ou especialmente) quando ele não errou.

RAQUETES
Use uma raquete de couro especial para sexo e uma máscara de olhos para esse jogo de espancamento agradável.

PRECAUÇÕES DE SEGURANÇA

Execute o que o seu parceiro quiser como punição. Não imponha suas ideias. Se você está espancando, remova todos os anéis de seus dedos antes. Se estiver batendo com a vara, de leve, experimente o instrumento em sua própria mão antes! E quando você souber a intensidade da dor que ele traz, pense com cuidado antes de administrar surras em seu parceiro.

Amarração Jogo do Escravo

O quarto está escuro. Apenas uma vela está acesa em um canto. Você conduz sua escrava para o quarto e ordena a ela que tire todas as suas roupas. Tem um lençol negro estendido na cama. A cama pode ser feita de metal ou ser uma cama com quatro pilares, para ter onde você amarrar a sua escrava.

PUNINDO A ESCRAVA DISPLICENTE

Sua parceira foi uma escrava ruim; e você explica para ela que escravas displicentes sempre devem ser punidas pelos seus malfeitos. Ordene a ela que ajoelhe contra a cama. Quando ela ajoelhar, amarre as mãos dela com amarras suaves (gravatas masculinas servem bem para isso), amar-

Amarração Jogo do Escravo

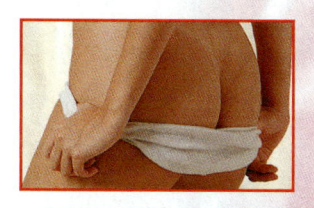

rando uma mão em cada lado da cama. Empurre os braços dela para a frente enquanto amarra os pulsos dela, para que o seu traseiro fique exposto e seus genitais fiquem totalmente à vista. Isso fará com que ela se sinta mais indefesa e à mercê de seus desejos.

Então, você sai do quarto. Bem quando ela pensava que você já a havia esquecido, você entra no quarto, de novo. E descobre que ela se moveu um pouquinho. Isso é totalmente proibido, você diz a ela, e então ela deve ser punida. Ela protesta, mas sem sucesso. Você deve puni-la esfregando primeiro sua parte de baixo, para que ela fique aquecida e, então, espancá-la de leve, para que ela tenha um choque. Cada vez que você voltar ao quarto você descobre que ela se mexeu, e a punição continua. Você pode dar umas varadas nela, de leve, ou talvez fingir que a estupra.

Amando com Espelhos

Espelhos colocados em pontos estratégicos de seu quarto de amor podem ser usados para jogos especiais de exibicionismo e *voyeurismo*, e sempre acrescentam certo *frisson* aos atos sexuais.

JOGOS DE ESPELHO

- Você deve fingir que o espelho é uma janela para dentro do outro quarto. Naquele quarto estão dois parceiros que estão atuando especialmente para você.
- Você deve transar em um ângulo de forma que possa, de verdade,
- Ver o pênis entrar e sair da vagina, de modo que o espelho se torna uma espécie de filme pornô.

> ### *Lições de anatomia*
> Você deve jogar lição de anatomia fazendo sua parceiro expor certas partes de seus genitais, tais como o clitóris, ou o ânus, depois para ela demonstrar, para a sua educação, o que acontece quando essas partes em específico são estimuladas. Como pupilo, você é compelido a olhar a demonstração feita pelo modelo no espelho.

Amando com Espelhos

- Você pode posicionar-se bem em frente ao espelho, de modo que olhar torne-se parte do jogo de submissão e dominação.
- Um de vocês pode ordenar ao outro fazer algo especificamente sexual e que eles podem nunca ter visto antes. Isso pode ser sexo oral ou fazer sexo em uma cadeira, em frente ao espelho.
- Seu parceiro deve contar para você que seu trabalho é excitá-lo. Você pode fazer isso estimulando-se, enquanto seu parceiro é refletido assistindo.
- Seu parceiro deve ajudar você enquanto ele se masturba e se torna cada vez mais excitado pelas suas atividades refletidas.

Ouça a minha Gravação

Aqui é necessário confiança total, porque um de vocês tem de concordar em obedecer ao outro – qualquer jogo em que vocês se coloquem completamente à mercê de outras pessoas não deve ser executado com estranhos ou com ninguém com quem vocês sintam-se inseguros.

Arranje um encontro em um apartamento emprestado e esteja lá antes para dar as boas-vindas a sua parceira com todo o amor, quando ela chegar. Peça que ela se desnude e deite na cama. Então, amarre seus braços e suas pernas firme, mas com suavidade, com amarras de seda. Por último, amarre uma venda macia em volta da cabeça dela.

Quando ela estiver instalada, prometa-lhe que acontecerão grandes coisas. Dê-lhe um beijo amoroso e saia do quarto. Deixe-a por 15 minutos – apenas tempo suficiente para ela começar a ficar inquieta e perguntar-se o que está acontecendo, mas não a ponto de deixá-la irritada.

Quando ela exigir atenção, é sua dica para dizer: "Bem, eu não posso cuidar de você agora, é melhor você se virar com isso", e coloque um pequeno estéreo pessoal embaixo, perto dela. Dentro tem uma gravação, você gravou-se dizendo as coisas mais sugestivas, lascivas e excitantes que você possa pensar, esboçando os planos maravilhosos que você tem para fazer amor com ela.

A SURPRESA

O que ela não sabe, mas descobrirá, é por quanto tempo continua a gravação. Não é uma gravação de 5 minutos, mas de 45 minutos.

Ela, deitada naquela cama, é incapaz de se mexer, incapaz de escapar da voz ou da venda, ou dos nós de seda, não importa o quanto ela queira. E se ela reagir a suas sugestões, ela ficará desesperada para fazer algo a respeito. Quando você, por fim, voltar, ela estará tão irritada quanto eroticamente em chamas.

VOCÊ PRECISA DE CONFIANÇA TOTAL

Esta é a pista para perguntar a ela o que gostaria que acontecesse em seguida. É provável que a resposta seja: "Desamarre-me imediatamente e retire a venda". Você pode responder: "Tudo bem, mas enquanto eu tiver soltando suas amarras, vou sujeitá-la a todos os tipos de indignidades e você terá de aceitá-las. Se não concordar, não vou desamarrá-la". Suas "indignidades" consistirão em uma massagem erótica maravilhosa, executada quando ela estiver desamarrada, mas com uma venda dupla.

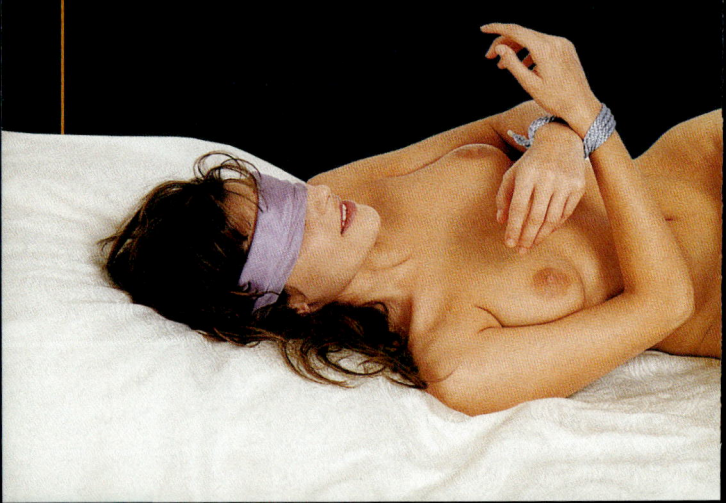

O PRAZER

Depois de massagear o corpo dela, diga-lhe que você tem de sair do quarto de novo, por pouco tempo, mas você não vai amarrá-la de novo. Você confiará que ela não sairá da cama.

Enquanto estiver fora do quarto, troque de roupa devagar, coloque uma colônia pós-barba diferente, então coloque luvas cirúrgicas muito finas e umedeça-as com óleo de massagem. Quando você voltar, aplique-lhe uma massagem genital, mas sem dizer nada. Como ela ainda não consegue vê-lo é possível que ela pense que você é outra pessoa.

TRANSMITA-LHE CONFIANÇA

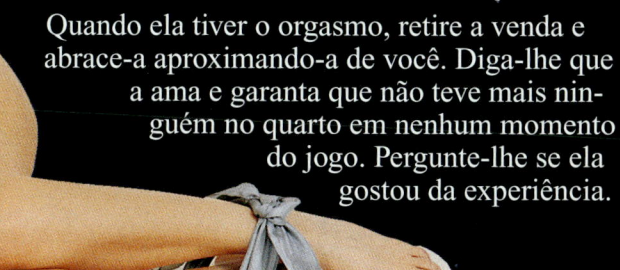

Quando ela tiver o orgasmo, retire a venda e abrace-a aproximando-a de você. Diga-lhe que a ama e garanta que não teve mais ninguém no quarto em nenhum momento do jogo. Pergunte-lhe se ela gostou da experiência.

Médicos e Pacientes

Se o Mestre do Jogo decretar que vocês jogarão "Médicos e Pacientes" (não é necessário uniformes), e mantiverse nos papéis, isso pode se tornar surpreendentemente sensual.

O JOGO

Decidam quem será o médico e quem será o paciente. Se quiser usar um avental branco (como doutor), sinta-se livre. Mas não se incomode se esta não for realmente a sua cena. Quando estiver a caráter, peça a sua paciente para subir em uma mesa (coberta a caráter), tendo removido antes as roupas íntimas.

Se a paciente for mulher, peça-lhe para abrir as pernas bem abertas e então insira um dedo coberto com luva cirúrgica na vagina dela e pressione áreas diferentes em volta da entrada. Seja suave quando fizer isso, mas mantenha um ar profissional de doutor.

Médicos e Pacientes

Peça a sua "paciente" para comentar os vários graus de sensação que ela experimenta enquanto você pratica esses movimentos diferentes. Depois, peça-lhe para ficar de quatro, de modo que você possa inspecionar atrás. Usando outra luva cirúrgica examine a abertura anal dela e, de novo, peça para ela dar notas para os diferentes lugares de acordo com a sensação.

Se o paciente for homem, coloque luvas cirúrgicas, pegue o pênis dele e inspecione de perto. Se ele tiver glande, abaixe-a e meça o tamanho do pênis. Deslize o seu dedo em volta da cabeça e pelo topo de seu pênis. Pegue e sinta o peso dos seus testículos e dê batidas na ligação entre os testículos e a base do pênis.

VESTIDA
PARA MATAR
Excite-o com roupas sensuais e adereços sexuais.

O Jogo de Strip Pôquer

Todos conhecem o jeito antigo de jogar esse jogo de cartas. Para cada perda durante o jogo, você tira um item da roupa. Se você estiver jogando com um punhado de amigos, isso pode ser uma experiência ousada. Mas, e um jogo privado entre dois parceiros?

Não poderíamos sonhar com nada mais íntimo?

Aqui está a versão mais sensual do jogo para dois jogadores apenas.

O JOGO

O Mestre do Jogo distribui cinco cartas para cada um. Vocês colocarão suas apostas na força dessa primeira distribuição de cartas.

Dê valor às cartas – da maior à menor:
- *Royal Flush* – Ás, Rei, Rainha, Valete e Dez.
- *Straight Flush* – Cinco cartas do mesmo naipe em sequência. Por exemplo, 9, 8, 7, 6, 5.

O Jogo de Strip Pôquer

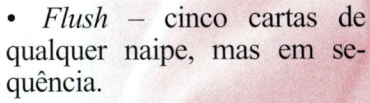

- *Flush* – cinco cartas de qualquer naipe, mas em sequência.
- *Full House* – três de um número e duas de outro, por exemplo, três oitos e dois seis.
- Trinca – três cartas de um tipo e duas não relacionadas.
- Pares – dois pares, por exemplo, dois 2 e dois 3, e uma carta não relacionada.
- Um Par – mais três cartas não relacionadas.
- A melhor de uma mão ruim. Nenhum conjunto de cartas ou pares, apenas a carta mais alta da rodada.

Na próxima cartada você pode descartar qualquer carta ruim e substituí-las. Você aposta de novo. A aposta continua até um de vocês pedir para parar. Os últimos a apostarem mostram sua mão. O vencedor pega as apostas. O perdedor tem de obedecer às instruções do vencedor.

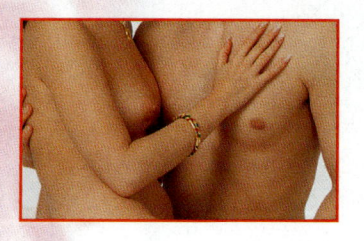

ARREBANHANDO OS GANHOS

O vencedor sujeita o perdedor a penalidades sexuais. Para tornar o jogo mais interessante, você deve começar com tipos de toques leves, feitos em partes sexuais do corpo que sejam menos significativas. A partir daí o vencedor casa as apostas sujeitando o perdedor a penalidades sexuais cada vez mais ostensivas!

As penalidades podem consistir em:
- Tirar a parte de cima e (se for mulher) o sutiã.
- Massagear, esfregar ou afagar os seios.
- Massagear, esfregar e sugar os bicos dos seios (sim, dos homens também).
- Remover as roupas da parte de baixo.
- Sujeitar os genitais do perdedor a qualquer número de estimulações graduadas desde movi-

mentos rítmicos até sexo oral, ou usar um vibrador.
- Sujeitar o perdedor a intercurso, mas apenas por alguns minutos.
- A estimulação do tipo *para-retoma* que o perdedor irá experimentar com esse método é provocadora e enlouquecedora. Ela eleva tanto a excitação quanto a impaciência.

LEMBRETE

Não se esqueça de que as pessoas em geral sentem-se mais vulneráveis quando poucas partes apenas de suas roupas foram tiradas, do que quando foi tudo jogado ao vento. Se o seu parceiro for tímido, garanta-lhe que o processo lento de remover suas roupas faça parte da elevação da tensão sexual, que pode levar a um sexo incrível.

🎀 *Dica de ação*

As oportunidades de blefar dão um elemento maior de ousadia e risco. Se você for desmascarado, você sabe que pagará uma pena, então, o elemento de antecipação incrementa o processo todo.

Se a Música For 🎵🎵🎵 o Alimento do Amor

O impacto do sexo aumenta por qualquer coisa que plante sugestões dentro da mente dos participantes. Uma das tarefas do Mestre do Jogo, portanto, deve ser arranjar não apenas a decoração dos Quartos do Amor, mas também cuidar dos pequenos detalhes – as pequenas coisas que elevam a atmosfera. A música é parte vital da ambiência de qualquer situação sexual, seja para ajudar o sexo em si ou sugerir que algo mais está programado.

> ### 🎀 Fato fascinante
>
> Pesquisas neurológicas recentes mostraram que a música barroca assemelha-se ao padrão de determinadas frequências cerebrais que despertam durante o aprendizado. Quando determinados trabalhos de Mozart são tocados, foi provado que o aprendizado é melhorado em seguida. Não é necessário um grande salto para perceber que a música pode ter um impacto similar na experiência do sexo. É apenas questão de ir à sua coleção de CD e encontrar o que se ajusta à sua mente manhosa!

Se a Música For o Alimento do Amor

A maioria das pessoas sabe sobre o impacto dos anos dourados, quando são tocados no quarto, a todo vapor. Os melhores sons de Frank Sinatra, Dean Martin e Ella Fitzgerald embalaram homens e mulheres por meio século. E eles são ótimos – não existe dúvida a respeito – se você procura romance. Mas suponha que seu gosto é gótico? Ou mais sombrio? Suponha que o que você sempre desejou foi ser arrastado por uma paixão animal? Ou você deseja flutuar nos céus em uma nuvem de pureza sexual estática? A música certa é a chave.

Aqui estão minhas sugestões:
- Segundo e terceiro concertos para piano de Rachmaninov, excelentes para paixão.
- "Lamento de Dido", de *Dido e Aeneus*, de Purcell, cantado por Jessye Norman, para pureza estática.
- "Jazz Police" e "I'm your Man", de Leonard Cohen, do CD *I'm your Man* – para gostos definitivamente mais sombrios.

Instantâneos Fotográficos Sensuais e Fotografias

O Mestre ou Senhora do Jogo sofisticado sabe que uma câmera pode capturar determinados momentos eróticos. Se você deseja recordar de seu homem nu, em pé, um pouco nas sombras, olhando para você com um desejo desavergonhado, a próxima coisa melhor a fazer é manter seu alterego de celuloide guardado em sua carteira.

Uma mulher enviou para o seu homem uma serie de instantâneos espetaculares (tirados com uma câmera com mecanismo remoto), em que ela posava como:

- Uma *pin-up* Eduardiana antiga, com fantasia completa do período.
- Uma Dominadora completa, com botas brilhantes longas e um chicote.
- Um prato em um banquete.
- Uma huri ardente.

OS INSTANTÂNEOS FOTOGRÁFICOS

Expressam a ideia que você quer transmitir. Se a imaginação significa muito para vocês, não gostarão de uma imagem frontal total, onde um de vocês estimula-se diretamente para a câmera.

Uma imagem como essa não deixa nada para a imaginação. O jeito certo é colocar a câmera no automático e, então, posar com seu parceiro em uma posição extremamente comprometedora, por trás de vidros embaçados de uma porta de box de chuveiro. Você não será capaz de ver tudo na foto resultante. Mas terá alguns relances tentadores.

Por outro lado, muitos caras adoram a imagem frontal total, então, a primeira regra do jogo, descubra o gosto pessoal de seu parceiro!

Os riscos

A vantagem da câmera digital é que as imagens não terão que ser processadas no laboratório fotográfico. A desvantagem é que você pode encontrar fotos comprometedoras suas espalhadas pela internet.

Escrevendo Recados de Amor

O sentido do recado de amor é lembrar à outra pessoa da sua existência e mostrar a ela que você se importa. A melhor maneira de fazer isso é chamar a atenção dela com algo que a excite, intrigue ou estimule. Você pode conseguir isso fazendo-a rir, ou excitando-a diretamente.

JOGOS

- Deixe um recado preso no para-brisas do carro de seu parceiro que diz: "Carro legal. Que tal uma corrida?".
- Envie um convite que diz: "Diamante Esmeralda convida-o para um banquete. Prato principal – Diamante Esmeralda".
- Envie meia foto – a parte de cima – acompanhada de um bilhete que diz, "Se quiser informação sobre como adquirir a outra metade, encontre-me assim e assim".
- Escreva um bilhete com a forma de Anúncio Classificado que diz: "Jovem prostituta precisa

de resgate. Se você acredita ser capaz de evitar que eu ande pelas ruas, por favor, encontre-me no bar gay Jimmy's".

Em seguida, vista-se como o personagem e espere em um bar que possua algum tipo de reputação sexual. É importante sempre cumprir qualquer promessa sexual ou outra promessa que faça em um recado de amor.

- Ou, se você for um homem: "Jovem travesti precisa de reformador moral com urgência. Encontre-me no Madame Fifi's". Vista-se como uma Drag Queen e, lembre-se, não se esqueça da sombra dos olhos. Represente o personagem e, quem sabe, você poderá dar à sua parceira uma emoção verdadeira.

Cartas de amor eletrônicas

Você sabe que há sites de internet inteiros dedicados a trazer um pouco de erotismo para sua vida amorosa? Por exemplo www.kinkycards.com enviará para o seu parceiro, sem cobrar nada, um recado romântico, um retrato de uma pin-up eduardiana antiga, ou um cartão erótico totalmente sem vergonha. E existem determinados sites de arte que oferecem belos trabalhos de arte erótica, dos quais é possível fazer download de cópias.

Sonhando com Presentes Sensuais

Como em todas as sugestões deste livro, você precisa descobrir os gostos e as coisas de que seus parceiros sexuais não gostam. Assim você não pegará presentes e recados de amor que não se ajustem. Enviar um par de roupas íntimas usadas para um homem depois de ter encontrado com ele uma única vez certamente produzirá um impacto, mas pode não ser bem o que você espera. Dar a uma garota sensível um vibrador transparente roxo embrulhado em papel de presente brilhante – quando o que ela esperava eram chocolates de dia dos namorados – provavelmente a inspirará a correr 6,5 quilômetros em quatro minutos.

No começo do relacionamento dê:
- cartões sentimentais;
- livros interessantes;
- flores;
- chocolates.

Quando a amizade está esquentando, dê:
- calções de boxe de seda;
- livros eróticos;
- cartões sugestivos;
- retratos eróticos.

Sonhando com Presentes Sensuais

Quando a amizade está fervendo dê:

- champanhe;
- pintura corporal de chocolate (você lambe para tirar);
- lubrificante genital com uma nota dizendo: "Não vejo a hora de esfregar isso entre suas pernas";
- calcinhas sem fundo;
- presilhas de bico do peito.

Quando a amizade está além do convencional:

- um dildo duplo gigante;
- um dos novos lubrificantes sexuais. (Você joga uma cápsula dentro da boca e a quebra com os dentes durante o sexo oral para que seu parceiro seja banhado em um gel com perfume delicioso e também comestível.)

Produzindo uma Gravação Erótica

Aqueles entre nós que são doidos por novas tecnologias adoram a ideia de seu próprio estúdio de gravações. Em um nível muito básico, baixar e colecionar suas músicas favoritas pode ser um começo para aquelas noites muito quentes!

E se você leu as páginas anteriores sobre o poder erótico dos sons, você saberá do que estou falando.

O Mestre/Senhora do Jogo dedicado dá um passo a mais. A sedução da música é uma coisa, mas o poder de sua própria voz é outra. Você pode gravar todos os tipos de lisonjas sedutoras. As opções vão dar um *frisson* à sua parceira, quando ela plugar no rádio dela, a caminho do trabalho, até deixá-la toda excitada, quando ela está sozinha, com um livro de contos eróticos, com uma história incomum, ela pode ouvir na privacidade de seu próprio quarto gótico, com sua cama de quatro pilares. Se precisar de uma história, dê uma olhada no fim deste livro para inspiração.

HISTÓRIAS GRAVADAS

Você pode gravar:

- contos eróticos;
- comandos S&M;
- uma lista infindável de elogios sexuais;
- ordens ou conversas entre *duas* vozes, de modo que sua parceira tenha a impressão de existirem dois de você no quarto.

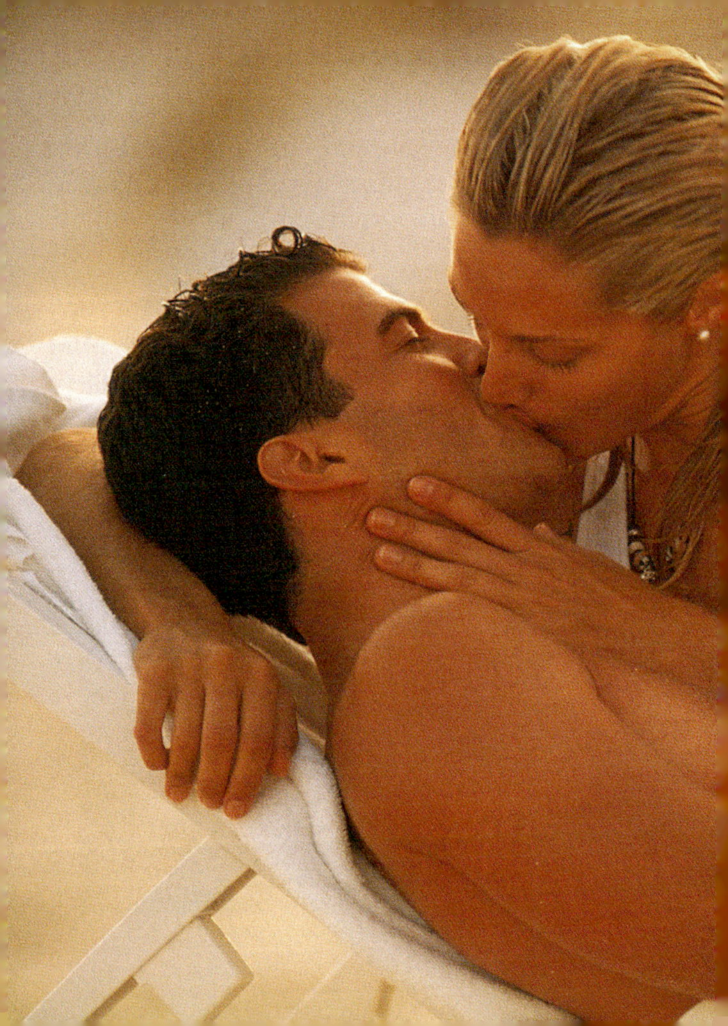

Uma mudança de cenário

Mudança é importante em todos os aspectos da vida, e o sexo não é exceção. Todos nós precisamos de variedade e mudança de ritmo. Por mais que você adore seu parceiro fantástico, a natureza humana dita que você desfrutará melhor da sexualidade se você tentar coisas diferentes. Se, ocasionalmente, você mudar apenas um item em seu parceiro sexual, suas baterias do desejo serão recarregadas.

Por que Precisamos de Mudança?

Ao dar o passo de comprar este livro você colocou a mudança em ação. Mesmo contemplar uma alteração em sua experiência do sexo significa que você instigou um novo movimento em seu cérebro. Os jogos sexuais são, por sua própria natureza, inovadores. Eles são também brincadeiras. E isso é fantástico sobre ser um humano adulto. O sexo permite que você volte para trás, para os tempos das brincadeiras que você, provavelmente, só desfrutou quando criança.

As inovações vêm em muitas formas e contornos. Se, ocasionalmente, você injeta algo diferente em sua experiência sexual, toda a sua vida sexual fica incrementada.

EVOLUÇÃO SEXUAL

Nós precisamos de mudanças para permanecer flexíveis; necessitamos de mudança para nos

Por que Precisamos de Mudança?

desenvolver como seres humanos, e precisamos de mudanças para poder manter o ritmo com um mundo em transformação. Nossas vidas sexuais não são exceção a essa regra da vida.

Novos padrões de vida provavelmente significam novos padrões de atividade sexual. Talvez daqui a centenas de anos, quando tivermos colonizado o cinturão de asteroides, poderemos experimentar o sexo como um voo, já que o faremos em gravidade zero. Sexo por telefone é um exemplo recente de mudança sexual.

Quanto ao futuro – em pouco tempo, você também poderá fazer sexo pela internet, por meio de contato visual, graças à web-tv. O futuro do sexo está aqui.

Telefone e Sexo

Qualquer um pode ligar para um bate-papo de sexo por telefone e ser conduzido enquanto se autoestimula. Não tem nada de especial nisso. Mas quando você está conversando eroticamente com alguém conhecido de quem gosta do outro lado da linha, e que deixa você realmente excitado, a história é bem outra.

AS REGRAS

- Proporcione-se um tempo longo sem interrupções.
- Torne as circunstâncias o mais agradáveis possível para você. Aquecimento, luzes de velas ou perfume no ar, todos são ingredientes deliciosos.
- Sente-se ou deite-se em um lugar confortável e privado.
- Cuide para que qualquer coisa de que precise durante o sexo esteja à mão.

Telefone e Sexo

A AÇÃO

- Seja verdadeiro. Diga o que está sentindo de verdade.
- Não finja.
- Se estiver com saudade de seu parceiro, faça com que saiba disso. Se existem coisas que você deseja que ele faça com você, fale a respeito e explique do jeito mais claro possível.
- Se existem coisas que você sabe que ele gostaria que tivesse feito com ele, faça com que saiba que você faria essas ações se você estivesse no lugar dele.
- Fale sobre autoestimulação. Conte para o seu parceiro sobre o que você está fazendo. Se você usa um vibrador, utilize dizendo para o seu homem que, em sua imaginação, ele está segurando esse brinquedo sexual e o esfregando em volta do seu clitóris e vagina. Se estiver aplicando um lubrificante enquanto fala, conte para sua mulher que em sua mente você sente como se ela estivesse passando em você. As mãos dela em seu pênis. Seus óleos de massagem são os mesmos dos dela, sucos do amor de perfume adocicado.
- É o quão eloquente você quer ser.

Sexo na Net

A internet oferece o próximo grande salto em nossa vida amorosa. Contudo, embora seja muito possível encontrar um grau extraordinário de intimidade com amizades feitas em salas de bate-papo e serviços de mensagem instantânea, ninguém negará que, enquanto você estiver com as mãos no teclado, vai ser difícil fazer sexo, com você mesma ou qualquer outra pessoa. Mas isso mudará logo mais. O próximo desenvolvimento será a grande disponibilidade de webcâmeras personalizadas – câmeras minúsculas, colocadas em cima do seu computador. Isso significa que sexo interativo filmado será possível, com comunicação visual instantânea, mesmo se estiverem a milhares de quilômetros de distância.

AS REGRAS

- Torne as circunstâncias físicas em torno de você as mais visualmente eróticas possíveis.
- Seja natural com seu parceiro interativo. Se você for tímido ou nervoso, não tenha medo de confessar. Apesar das câmeras, você precisa lembrar-se de que não é uma *performance*, é um relacionamento sexual acontecendo, e só vai funcionar mesmo se você "relaxar" de verdade.

Fotografia deve ser sempre divertida e o conteúdo de fotografias na net não é exceção. Se você gosta de si, isso aparecerá na imagem que você transmite e você aparecerá com toda sensualidade. Então, relaxe, depois demore-se dando-se prazer para o acompanhamento erótico da avaliação de seu parceiro interativo.

> *Excitação paga*
>
> Claro que já existem pessoas que fornecem serviços sexuais de webcam. Mas esses NÃO são serviços personalizados. Eles são atos feitos para uma câmera impessoal. Eles podem ser excitantes, mas eles continuam firmes na categoria de sexo pago.

Aventuras nas Florestas

Algumas pessoas gostam de jogar apenas na imaginação. Outras morrem de vontade de viver a situação real. Anos atrás, encontrei um homem que se autodenominava "O Mediador". Esse homem declarava ser capaz de tornar as fantasias de outras pessoas reais.

Uma das amigas de sua mulher, ele disse, tinha vontade de ser amarrada a uma árvore em um espaço público e forçada a submeter-se às atenções sexuais de qualquer homem que passasse. O Mediador tinha, ele disse, tornado esse sonho realidade; ele apenas escolheu uma parte de uma floresta pública que era pouco frequentada. E os homens que tinham "passado por ali e tirado vantagem" foram enviados para lá por ele e não eram estranhos.

Isso aconteceu nos anos 1970. Hoje em dia, ninguém em seu juízo perfeito iria permitir-se sexo casual sem proteção, e mesmo se os parceiros de sexo coletivo forem arranjados por amigos, ainda existe risco de saúde envolvido. Mas você pode montar algo similar, usando vendas, disfarces e ações sexuais variadas para parecer ter uma variedade de pessoas diferentes.

Medidas de segurança

Sexo a céu aberto pode ser uma experiência muito feliz, sem mencionar o aspecto natural. Mas é importante lembrar que existem leis sobre perturbação pública, então é importante apenas fazer amor onde você não seja observado. Senão você pode acabar tendo problemas graves com as autoridades.

Colegas de Quarto

A palavra "quarto" tem dois significados. Um é "câmara" ou "apartamento", o outro "espaço". Essa é uma distinção importante em um contexto sexual, uma vez que fazer amor no mesmo quarto pode ser confortável, mas depois de um tempo também pode se tornar muito chato. É como se a psique sexual ocasionalmente precisasse de espaço extra para se estender e expandir.

Anteriormente, eu discuti o conceito de "quarto de amor" em vez de apenas "quarto de dormir". Mas aqui a ideia é sair fora e expandir suas ideias sobre bons lugares nos quais sentir-se erótico.

SEXO EM CASA

Se você é afortunado o suficiente para desfrutar de uma privacidade garantida, então o sexo na sala de estar ou uma pele de carneiro em frente a um fogo crepitante de lareira, não precisa ser apenas uma fantasia de natal: pode realmente acontecer e ser ótimo a qualquer tempo.

Talvez seja tão bom por nos levar de volta àquele antigo fator da novidade – porque é diferente, parece diferente.

JOGO

Arranje as coisas para uma noite confortável na sala de estar em frente da televisão, cuidando para que o aposento esteja bem aquecido – na verdade superaquecido. Coloque um vídeo. Mas surpreenda seu parceiro com um realmente sensual, como *Nove Semanas e Meia de Amor*. Quando a ação do filme esquentar, comece a acariciar sua parceiro, casualmente, mas como se não conseguisse se aguentar. Graças ao calor, você tem uma desculpa perfeita para tirar alguma roupa quando o filme progride, e se não se jogarem um para o outro durante a ação do filme, é bem provável que o façam durante os créditos.

Sexo no Escritório

É claro que não deveríamos fazer isso. O risco de um colega descobrir é muito grande, mesmo se você tiver fechado e trancado a porta do escritório. E, se acontecer, você estará encrencado. Mesmo assim, muitos de nós enfrentamos as possíveis complicações, para conseguir experiências eróticas incríveis.

O FATOR RISCO

Existe um risco real, o de você ser descoberto. Mas também tem o risco imaginado, enquanto você estiver fazendo sexo você está consciente da possibilidade da descoberta. O risco imaginado é o que esquenta a experiência, fazendo a adrenalina subir de verdade e fornecendo um aditivo químico para impulsionar o processo!

JOGO

- Verifique se a porta está trancada e o telefone fora do gancho, mas tente fazer isso sem seu parceiro perceber.
  - Diga a seu parceiro que você está esperando uma visita, a qualquer momento, de um colega mais graduado.
  - Diga a seu parceiro que você está incrivelmente excitada por ele e simplesmente não pode esperar nem mais um segundo. Você tem de fazer sexo com ele *agora*.
  - Enquanto diz isso, comece a acariciá-lo e estimulá-lo.
  - Diga-lhe que você tem certeza de que seu encontro não durará mais que 5 minutos.
  - Faça sexo.

🎀 *Ponto perigoso*

Existe uma chance de seu parceiro ficar tão ansioso com a situação que sua reação pode ser negativa, em vez de em pé! Tente julgar as emoções de seus parceiros de modo acurado antes: confirme que eles ficarão excitados em vez de amedrontados.

O Bronzeador Luta Livre

Convide seu amigo para algum jogo esportivo. Encontre-o na porta da frente, usando uma máscara. Quando ele entrar em sua casa, mostre-lhe um aposento ao lado e dê uma "fantasia" para ele. Peça para ele trocar-se e ficar pronto para os acontecimentos. A fantasia deverá consistir em um biquíni exíguo se for mulher, uma cueca exígua se for homem e uma máscara.

Quando seu parceiro tiver se trocado, convide-o para a "arena de esportes". Ela é a sua sala de estar com os móveis arrastados para um lado e toalhas estreitas estendidas sobre um plástico (sacos de lixo ou uma cortina de box de chuveiro podem funcionar bem.) Coloque seu parceiro no meio da sala e cubra-o literalmente com óleo bronzeador. Peça para ele encharcar você também, generosamente.

O Bronzeador Luta Livre

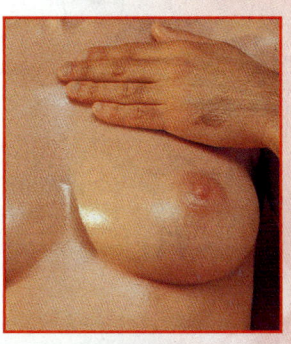

Explique que o objetivo do jogo é ganhar a melhor de três quedas, mas se um de vocês (em geral o homem) tem vantagem de peso ou força, ele deve sofrer limitações. A melhor maneira de fazer isso é, provavelmente, prender um dos braços dele nas costas. A luta livre cria uma situação bem escorregadia. Como um bônus adicional vocês devem dar duro para tirar a roupa do outro durante as atividades.

> 🎀 *Dica de ação*
>
> Não leve tão a sério a ideia de derrubar. O mais divertido no jogo é ficar escorregando um em volta do outro, com os corpos quase nus, em uma sensualidade de serpentes.

Dentro do Hotelzinho

Ir para um hotel discreto para uma tarde ou noite pode permitir todos os tipos de fantasias inconfessas brotarem na realidade. Aqui vai uma história do que aconteceu quando uma jovem encenou algo que ela só conhecia por ter lido.

Eu conhecia histórias de prostitutas chegando aos apartamentos de seus clientes usando pouco ou nada debaixo de seus casacos, e sempre fiquei me perguntando sobre a ousadia delas. Então, uma noite, meu parceiro teve de ficar em um hotel perto de onde eu morava, porque ele estava em uma conferência. Ele convidou-me para visitá-lo, então respirei fundo e tirei a maior parte de minhas roupas, deixando apenas minha calcinha muito fina e meias, cobertas pelo velho casado de peles que herdei de minha tia avó.

Simplesmente caminhar do carro até a entrada do hotel me deixou cheia de adrenalina

E, quando entrei, fiquei aterrorizada pela possibilidade do recepcionista pensar que eu era uma prostituta e mandar-me embora. Para tornar as coisas piores, o casaco de peles não fechava e eu sabia que, se não segurasse firme nele, mantendo-o fechado, ele poderia abrir e todos no saguão iriam ver que eu estava nua. Só imaginar essa possibilidade fez com que eu ficasse toda quente e gelada ao mesmo tempo. Para meu alívio, se o recepcionista pensou que algo de estranho estava acontecendo, ele não demonstrou.

A caminhada para o quarto do hotel pareceu demorar anos. Eu tive de esperar o elevador e fui empurrada, quando um bando de jovens saiu dele atropeladamente. Depois, os corredores do hotel eram todos parecidos; entrei em um corredor errado e fiquei em pânico, porque pensei que estava indo encontrar meu parceiro. Ele não sabia que eu iria tentar essa experiência, então, quando ele abriu a porta do quarto, eu simplesmente abri a lapela do casado por alguns momentos e, então, fechei rápido, para ninguém mais ver. Ele entendeu na hora.

Ele levou-me para dentro e me deitou na cama imensa do hotel. Ele não deixou que eu tirasse o casaco e manteve a parte de cima fechada, enquanto abria a parte de baixo com a outra mão. Ele não disse nada, o que foi fantasticamente sensual. Foi como se ele estivesse encenando a fantasia. Eu era uma prostituta que chegou ao quarto dele e ele estava me usando. Eu fiquei tão nervosa, que já estava em fogo e gozei quase na mesma hora em que ele me penetrou. A excitação física de viver algo que eu fantasiava foi incrível."

AVISO DE SEGURANÇA

Fique atenta ao fato de que realizar uma fantasia significa que ela pode perder o estímulo, tornar-se uma rotina. Ceda ao desejo desse tipo de ação de vez em quando, para que sua imaginação possa reter seu catálogo especial de roteiros sensuais

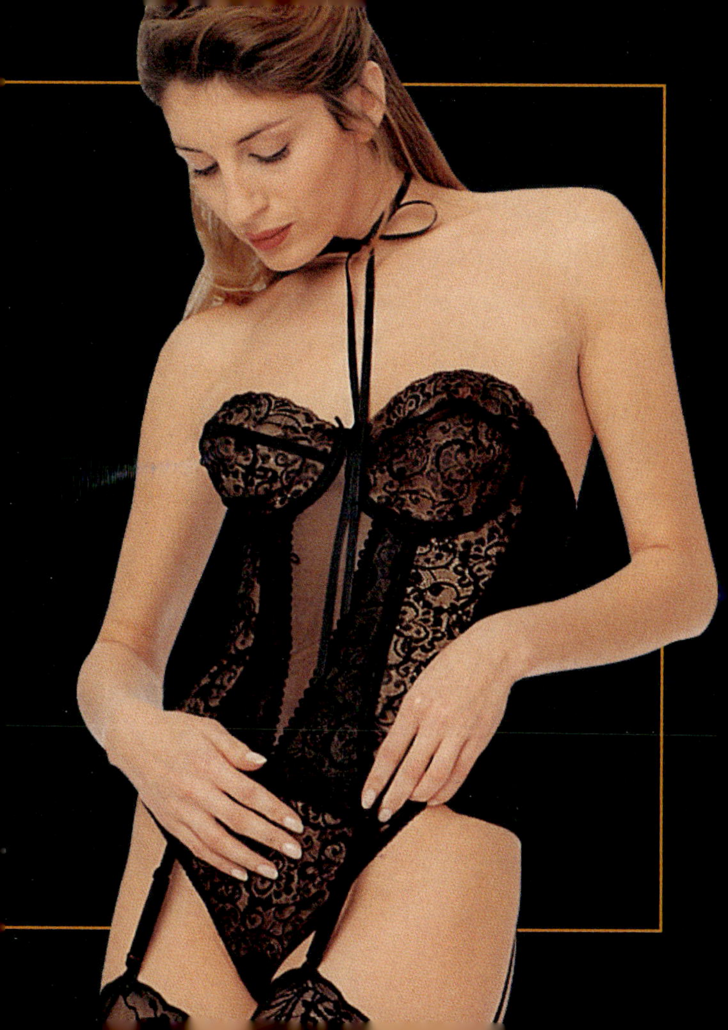

Em seu Automóvel

VIAGEM NO BANCO DE TRÁS

Dirija até um lugar escondido e diga a seu parceiro que você vai lançar um desafio. Com um de vocês no banco de trás e o outro no da frente, o parceiro do banco de trás tem que levar o do banco da frente ao orgasmo. Você acredita ser impossível? Bem, não custa tentar... Não é impossível! Só tenha certeza de ter encontrado um lugar para estacionar que seja reservado e privado.

COMPROVE

Esse jogo sexual é dos anos 1940. Você, seu parceiro e outro casal dirigem para fora da cidade, de preferência para um cinema *drive in*. No meio do caminho para o filme, você "comprova". Alguns podem interpretar isso como significando "ir até o fim". Depende de você. A ideia é preservar a atmosfera clássica dos anos 1949. Incluindo pipocas.

Em sua Moto

LADY GODIVA

Motocicletas e couro preto são uma combinação sensual. No jogo da Lady Godiva, a senhorita da motocicleta, vestida com uma saia sem calcinhas, senta na garupa de sua máquina brilhante e corre pela cidade.

UM ACELERADOR PODEROSO

Esse é um jogo para tentar na garagem, com as portas bem fechadas. Sentem na moto um de frente para o outro, liguem a máquina e vejam se conseguem fazer sexo no ritmo das vibrações da moto. Ou então tentem fazer um "cachorrinho" no assento da moto...

> 🎀 *Precaução*
> Certifique-se de que exista sempre **ventilação adequada** na garagem para evitar intoxicação por fumaça.

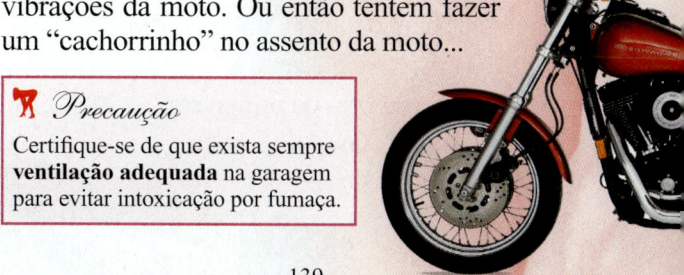

Jogos Sexuais da Primavera

Celebre o início da nova estação com uma mudança. Leve sua amada para viajar, convide-a para um fim de semana. Fiquem em um hotel rústico bacana ou, se não puder pagar por isso, empreste o apartamento de um amigo em um lugar diferente. Depois de jantar mais cedo, retire-se para o quarto e informe a sua parceira que você celebrará o solstício de primavera.

- Deem um banho morno, um no outro.
- Deite sua parceira na cama.
- Decore-a com flores de primavera.
- Deem presentes um para o outro.

Jogos Sexuais para o Verão

Verão no quintal, torrando sob os raios do sol, enquanto descansa em uma espreguiçadeira. Você sabia que, se os raios de sol baterem entre suas pernas por tempo suficiente, você ficará excitado? Quando você decidir que está na hora de fugir de uma queimadura solar, proponha que vocês dois voltem para dentro para um coquetel gelado. Espere sua parceira com um coquetel exótico (você pode comprá-los já preparados no supermercado), usando um guardanapo branco sobre o braço quando o entrega e, quando ela tiver tomado a bebida, explique que agora tem de pagar a conta – em espécie. Se ela reclamar, insista que é uma troca justa e não aceite um não como resposta.

Jogos Sexuais para o Outono

O outono é o tempo da colheita. Diga a seu amado que você dará uma Festa da Fruta. Convide-os para ver seu quarto decorado de maneira deslumbrante, cheio de frutas exóticas. Tente-o com algumas uvas geladas, enquanto oferece-lhes champanhe em uma taça longa. Quando ele estiver mais à vontade, decore-o com pêssegos, uvas e frutas com polpas suculentas como morangos. Ou, se estiver confiante de que ele compreenderá o funcionamento de sua mente, decore-se, como se fosse uma peça de exibição do Festival da Colheita. Depois, não hesitem em celebrar, comendo as frutas um do outro.

Jogos Sexuais para o Inverno

Quer amenizar as brumas daqueles dias escuros e frios? Pense em iluminação por velas. Instale dúzias de velas no quarto. Não use outra iluminação. Informe sua parceira de jogo que chegou a hora de espantar os espíritos do inverno e chamar o sol para ressurgir e trazer seu calor. Vista-se e à sua parceira em um robe longo e macio (de preferência branco), desligue as luzes em toda a casa e, com cada um de vocês carregando uma vela branca, andem devagar para o quarto, cantando enquanto se aproximam. Declare que sua parceira deve ser o vaso por meio do qual você tentará chegar ao sol. Agora, sujeite-a a uma série de movimentos sexuais, de forma que ela e a cama se tornem muito quentes e pareça que seu encanto funcionou!

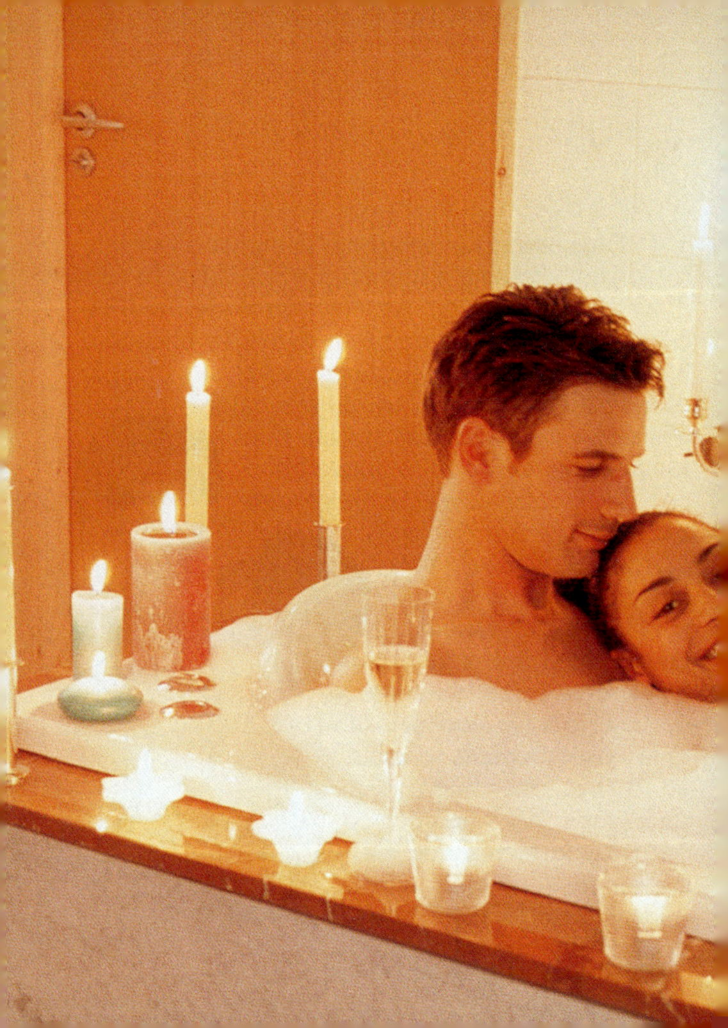

Ficando molhados

A água é um afrodisíaco sexual inspirador e sensual. Sexo no banho pode ser muito divertido, e fazer amor no chuveiro é escorregadio e liso, vaporoso e de fato muito quente! Ambientes naturais, como cachoeiras e ondas quebrando, são o ideal de toda mulher e inspiram o macho flutuante a serpentear como uma enguia.

Diversão Amorosa Aquática

Preliminares e as carícias depois do ato na banheira. Preliminares no banho são divertidas e, mesmo que seu box de chuveiro não seja grande o suficiente para fazer sexo, você pode fazer amor sentado na borda da banheira ou no chão do banheiro, caso seu corpo nu reluzente se prove inspirador para seu parceiro avaliador. Tomar banho antes do sexo faz com que se sinta limpo e confiante; tomar banho depois do sexo aumenta o relaxamento e a intimidade.

SEXO NA ÁGUA

A água é um meio resistente: seu corpo torna-se sem peso e você consegue movimentar-se com liberdade, o que significa que você pode nadar em posições sexuais que, em geral, significariam um contorção improvável. A melhor hora para encontrarmos a sexualidade de flutuação livre é tarde da noite, no escuro, no mar tépido, quando ninguém pode vê-lo.

HIDROTERAPIA

A hidroterapia usa a água para estimular e curar o corpo. Os procedimentos terapêuticos surgem na forma de banhos, chuveiradas, redemoinhos de água, quartos úmidos, saunas e tratamentos com água do mar. A própria Jacuzzi trouxe novas dimensões ao amor. Ser atingido por jatos de água em um lado e seu parceiro afogueado e excitado pelo outro é a medida justa de um belo fim de semana.

> ### *Dicas de sexo*
> Se você está se sentindo cansado e letárgico, e quer se energizar antes do sexo, passe 15 minutos mergulhado em um banho quente e então levante e tome uma ducha gelada rápida. Seus poros vão se fechar rápido e fazer com que você se sinta revigorado. Se estiver muito estressado, um banho morno o relaxará o suficiente para que sinta uma sensualidade preguiçosa.

O Poder do Chuveiro

O chuveiro é um brinquedo sexual natural: ele combina calor, pressão, umidade e fricção em um único instrumento. De acordo com o *Relatório Hite*, a massagem com água usando o chuveiro é o jeito favorito para algumas mulheres atingirem o orgasmo.

JOGOS

- Cubram um ao outro com sabonete líquido e deem um ao outro uma massagem erótica no chuveiro.
- Use o chuveiro em uma base punição/prazer alternativa. Prazer significa água morna dirigida aos genitais.
- Punição é um jorro de água gelada nas costas.

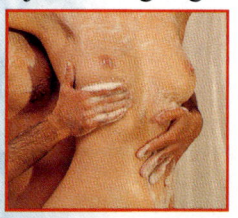

O Poder do Chuveiro

- Faça uma combinação de banheira e chuveiro. Deite-se em uma banheira quente e fumegante e use o fluxo de água do chuveiro para massagear partes diferentes do corpo, como o períneo, os genitais, os dedos dos pés, os lábios, as solas dos pés e atrás dos joelhos.
- Tentem masturbar um ao outro até o orgasmo usando apenas os jatos de água do chuveirinho.
- Surpreenda seu parceiro com sexo oral imprevisto no chuveiro.

Posições sexuais no chuveiro

A melhor posição para sexo no chuveiro é uma em que a mulher se curva e o homem a penetra por trás. Isto acontece porque uma vez que vocês estão em um espaço escorregadio, cada parceiro fica menos propenso a escorregar e cair no box!

Bolhas e Carícias

O banho é o lugar ideal para a indulgência sexual. Desligue o telefone, acenda algumas velas e ligue a água quente. Agora acrescente sais de banho borbulhantes, óleos essenciais, e deslize para a água morna e acolhedora com seu parceiro.

O JOGO DO JARRO

Sentem-se um diante do outro. Agora encha um jarro com água do banho e diga a seu parceiro para fechar os olhos. Derrame a água nele do alto. Comece derramando ela nos ombros e barriga e então levante o jarro mais alto e dirija o jato para o pênis dele. Agora dê o jarro para ele – é a vez dele jogar.

SEXO NO BANHO

O ato sexual pode ser difícil em um box de chuveiro do tamanho padrão, mas isso não significa que vocês não possam ter um orgasmo. Espalhe muito sabonete líquido, óleo de banho ou gel de banho no pênis dele e massageie-o até o orgasmo.

Bolhas e Carícias

Estimule o clitóris dela, seus dedos dos pés e depois seus dedos da mão com óleo de banho, até levá-la a um orgasmo escorregadio e gostoso.

CARÍCIAS DEPOIS DO ATO NA BANHEIRA

Deitar em uma banheira vaporosa e cheia de espuma é um modo íntimo de relaxar depois do sexo. Se tiver espaço, deitem-se um nos braços do outro.

TOQUE FINAL

Torne a água do banheiro efervescente, com uma bomba de banho efervescente. Elas são bolas perfumadas de bicarbonato de sódio e óleos essenciais que literalmente explodem na água.

Banho de Espuma Erótico

A combinação de espuma reluzente com a leve esfregação de uma esponja ensaboada bombardeia a pele com uma experiência sensual incomum. Pegue uma espreguiçadeira de praia e coloque-a em uma parte escondida de seu quintal, em um dia muito quente. Você precisará de uma tigela grande de água quente, algum gel de banho perfumado e uma das novas esponjas de banho com muitas camadas de nylon. Comece vendando sua parceira para tornar as sensações mais presentes.

LAVE OS PÉS DELA

Ajoelhe-se na espreguiçadeira e coloque os pés dela em suas coxas. Esprema água em seus pés e respingue gel de banho entre os seus dedos. Agora comece a lavar e massagear os pés e tornozelos dela com a esponja.

Comece com a parte de cima dos pés, então os dedos, depois as solas. Use um toque firme se ela tem cócegas (se ela tiver muitas cócegas, use suas mãos e comece prendendo os pés dela firme entre as palmas das mãos.)

PINGUE ÁGUA NO CORPO DELA

Agora mergulhe a esponja na água quente e faça uma trilha de gotas por toda a extensão do corpo dela: subido pelas panturrilhas e coxas e sobre a barriga e tórax. Peça que ela diga o que sente.

Depois faça um risco de gel de banho ao longo do corpo dela e comece a massagear com delicadeza com a esponja. Crie o máximo de espuma que conseguir de modo que o corpo dela fique coberto com uma camada suave parecida com merengue. Enquanto a espuma borbulha e estoura, jogue um pouquinho de óleo de massagem sobre e embaixo dos genitais dela. Depois massageie os genitais com suas mãos, usando algumas das carícias descritas nas páginas 192-193.

A sensação geral é de cada poro do corpo com comichões como se estivesse sendo beliscado e afagado. E, ei, nós possuímos muitos poros!

Amor na Praia

Essa fantasia erótica acontece em uma praia deserta, em um país exótico como a Índia, Jamaica ou Tailândia. Muitas pessoas fantasiam com sexo em uma praia distante: a combinação de um lugar bonito, clima quente, natureza relaxante dos feriados e ficar seminu pode trazer um desejo sexual intenso. Vocês podem ler essa fantasia um para o outro, de preferência quando estiverem lado a lado em espreguiçadeiras, sobre areias brancas, um mar azul ao lado e nada e ninguém exceto algumas palmeiras por perto.

NA PRAIA

A mulher é uma *voyeur*. Ela admira o homem a certa distância, enquanto ele arruma a toalha na areia, caminha até a água, entra no mar e começa a nadar vigorosamente em direção às ondas. Ela ainda está olhando quando ele volta para sua toalha, esfrega-se com óleo e deita de costas no sol quente.

Ela decide ir para a beira da água, onde ela sabe que o homem pode vê-la. Ela tira a sua blusa e saia, provoca, largando na areia e, vestindo apenas a parte de baixo de um biquíni, entra no mar. Agora ela flutua de costas com a corrente, luxuriosamente, sentindo as ondas baterem em cada tecido e cada poro de sua pele. Ela quer ser notada, mas o homem finge dormir, observando-a em segredo, por trás de suas pálpebras semicerradas.

Quando ela sai da água, ela vê que os olhos dele estão fechados. Como se por acaso, ela anda perto o suficiente para derrubar gotas de água nele. Quando isso falha, ela toca-o suavemente e vê o lampejo de um sorriso em seu rosto. Mas ele ainda não diz nada. Tomando o sorriso como uma dica, ela ajoelha do lado dele e acaricia seu corpo quente com seu longo cabelo úmido. Ela toca seus lábios de leve com as pontas dos dedos. Ele continua deitado e em silêncio, mas começa a ficar excitado.

O CLÍMAX

A mulher (que ainda está molhada) deita em cima do homem, estômago contra estômago com os pés pousados nos dele. O creme de sua pele combina com o óleo de bronzear dele para criar uma sensação escorregadia entre os dois corpos.

Enquanto ele fica parado, ela começa a se movimentar em cima dele. Ela desliza de trás para a frente e da frente para trás nessa posição, tornan-

do o tempo entre os deslizes febril com sua ação incessante. A fricção escorregadia rola e desliza, sugando e pressionando cada centímetro e curva da pele aquecida. Logo, uma pele se mistura com a outra, de modo que fica impossível definir onde começa um corpo que se move e oscila e o outro. O movimento sai do controle, então, quando ela desliza pelo corpo dele, ela desliza pelos genitais dele, bem como pelo seu tórax e abdômen. A fricção se torna insuportável, e a água, o óleo e o calor se combinam para
criar uma explosão sexual.

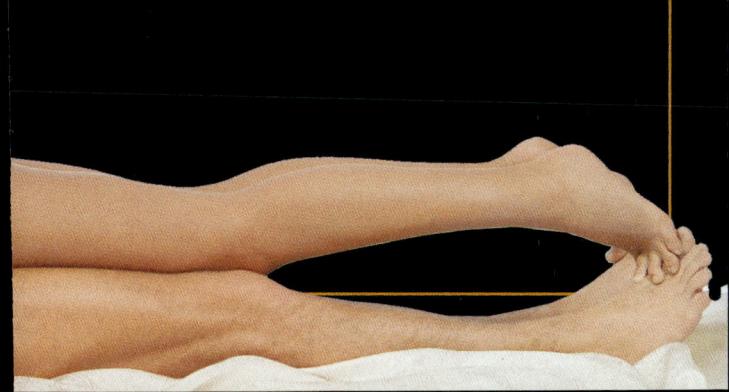

O Shampoo no Jogo

Prepare o banheiro antes com velas, uma banheira cheia de água quente fragrante e algumas toalhas fofas. Agora leve seu parceiro para o banheiro cheio de vapor e tire as roupas dele.

SHAMPOO SENSUAL

Peça para ele entrar no banho, deitar e relaxar. Explique que você vai começar lavando a cabeça dele. Torne cada ação o mais relaxante e sensual possível. Peça a ele para virar a cabeça para trás, enquanto coloca shampoo e água nela e depois faça uma massagem luxuriante na cabeça dele, aplicando pressão circular profunda com as pontas de seus dedos, primeiro nas têmporas, depois ao longo da linha do cabelo por toda sua cabeça.

Depois pegue um pente e penteie o seu cabelo, passando os dentes do pente por todo o crânio, excitando as milhões de terminações nervosas, que ficam embaixo da pele. Quando ele sair do banho, enrole-o em toalhas macias aquecidas e sente-o diante de um espelho grande. Fique atrás dele e pegue um par de tesouras. Se ele tem uma barba ou bigode, agora é hora de aparar. O ato de prender e cortar envia beliscões sensuais pelo crânio e o resto do torso. Se ele não possuir pelo facial, finja que corta o cabelo dele. Tem algo em uma mulher segurando aço frio contra a pele que excita os homens.

O SHAMPOO PÉLVICO

Lave a região genital dele, inclusive o escroto e o períneo. Gire a ponta de seus dedos suavemente para fora e para dentro de sua fenda mais íntima, explicando o tempo todo que ele é um garoto muito sujo lá embaixo e deve se submeter a ser completamente limpo.

Quartos com Vapor e Saunas

Quartos com vapor e saunas desfrutam a muito tempo de reputação sensual e com frequência são cenários de grandes excitações sexuais. A temperatura tropical úmida e pouca iluminação dão a eles uma atmosfera taciturna, que sempre foi condutora de pensamentos e fantasias sensuais.

DESFRUTE DE UM REGALO TROPICAL

Presenteie você e seu parceiro com um dia em um spa ou centro esportivo, vagando entre a sauna, quarto de vapor e a Jacuzzi. Este é um excelente jeito de elevar o humor, que ajuda você a se soltar, divertir-se e passar um tempo de intimidade com seu parceiro. É especialmente luxuriante durante os meses gelados do inverno, e um bom modo de ficarem dispostos para o sexo.

🎀 *Terapia na jacuzzi*

Jacuzzis são banheiras especialmente desenhadas com jatos de água de massagem que batem em seu corpo. Ficar imerso em água borbulhante e quente tem efeitos terapêuticos e sensuais sobre o corpo. A água incrementa sua circulação, relaxa os músculos certos, abaixa a pressão do corpo e faz com que sua pele sinta-se viva e brilhante. Se posicionar o parceiro de modo que seus genitais fiquem alinhados com as borbulhas, você fará com que ele ou ela cheguem ao orgasmo com a água.

DICAS PARA SAUNAS E QUARTOS DE VAPOR

Essas são ideias para um período sensual na sauna, mas não fique tentado a arriscar sexo mesmo, a não ser que você seja muito discreto:

- chupe uma menta. Ela não irá esfriá-lo, mas você pode ter a sensação de respirar com mais facilidade;
- massageiem os cabelos um do outro com óleo de coco;
- inalem óleos essenciais com perfumes frescos e refrescantes como eucalipto, toronja e menta;
- esfregue produtos naturais na pele de seu parceiro. Tente polpa de papaia no rosto e mel no corpo.

Sexo no Mar

A água do mar oferece um poder de flutuação fantástico e suporta com facilidade o peso do corpo. Isso significa que vocês podem erguer um ao outro e fazerem contorções fantásticas com a maior facilidade. Algumas das posições sexuais mais impossíveis do *Kama Sutra* são conseguidas com facilidade no oceano. O único problema que você pode encontrar são areias movediças.

Se o sexo no mar é simplesmente público demais, espere até todo mundo ter ido para casa, então faça amor nas dunas de areia. A areia não só preserva o calor, mas molda-se na forma exata de seu corpo.

JOGOS DE AREIA

- Em vez de construir castelos de areia, faça o equivalente adulto:
- Brinque de esconde-esconde – encontre um lugar reservado para o sexo e espere ser encontrado.
- Faça desenhos eróticos na areia.
- Molde os seios dela ou o pênis dele na areia.
- Brinque de pique-esconde com beijo.

SEXO NA PISCINA

A maioria das piscinas públicas proíbe qualquer tipo de jogo mais bruto, então jogos sexuais sincronizados devem ficar confinados a sua piscina privada. Se você tem uma, você pode gostar de brincar de Sapo. No Sapo, o seu amado fica parado de costas contra a parede da piscina enquanto você abraça a cintura dele com as pernas, os pés contra a parede empurrando para trás e flutuando de volta. A flutuação que você consegue significa que seu amor pode suportar o seu peso enquanto você faz os movimentos de pés contra ele. Os chineses comparam esses movimentos com o acasalamento de dois sapos.

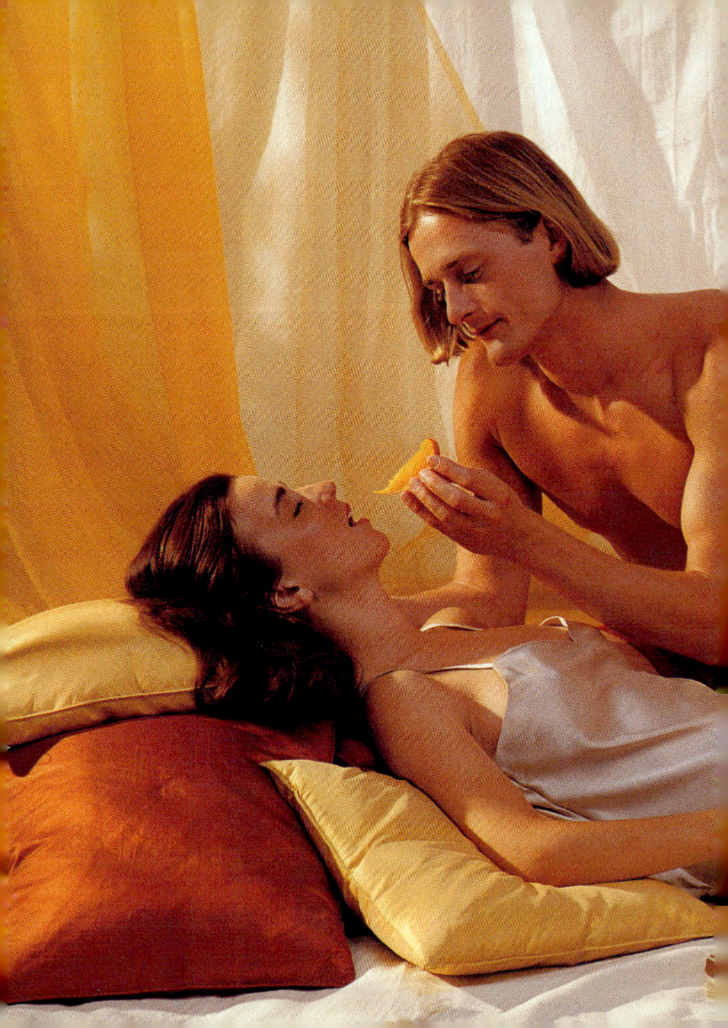

Um jantar diferente

Nossos lábios são uma fonte primária de prazer erótico e, desde o início dos tempos, os humanos consideram comer um ato sensual. Alimento pode ser um antepasto, um acessório sexual, um banquete afrodisíaco ou erótico para os olhos. Você pode refestelar-se em creme batido espalhado por todo o corpo de seus parceiros, ou adorar colocar bocados de seus petiscos favoritos na pele deles.

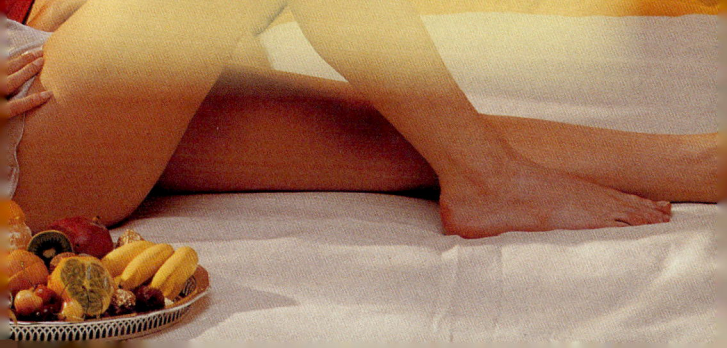

Jogos para Gourmets

Sexo e comer parecem que sempre andaram de mãos dadas. Oferecer alimento para seu parceiro é um ato de cuidado, e tem grande papel no cortejo. Comprar ou cozinhar uma refeição para um parceiro continua sendo uma oferta tradicional de amor, intimidade e romance, e algo que quase sempre precede a intimidade sexual. Brincar com alimento, encontrando joguinhos para parceiros, estimula as sensações eróticas. Nesse pequeno manual, vamos mais longe com a comida e o sexo, mostrando para vocês experiências inesquecíveis do *gourmet* do sexo e dando-lhes ideias do que fazer com a comida que irá deixá-los enlouquecidos.

COMIDA E SEXO

Você já pensou em combinar sexo com comida? Ambas são atividades sensuais que gratificam alguns de nossos desejos mais irresistíveis. Alimentar um ao outro com seus dedos pode tornar-se uma parte das preliminares. Você pode cobrir seu parceiro com alimento como parte de um banquete sensual único, ou milagrosamente transformar

Jogos para Gourmets

determinados alimentos em brinquedos sexuais inovadores.

Embora dar e compartilhar alimento seja, em essência, uma atividade de nutrição, jogos sexuais com comida na idade adulta pode adquirir o tom que você quiser: infantil, bobo, íntimo, ultrajante, provocativo, romântico, luxurioso ou sensual. Seja inventivo e imaginativo – comece a pensar em comida em termos de seu potencial erótico. Vá ao supermercado e compre alimentos estrangeiros exóticos que irão dar-lhe ideias frescas para comer com erotismo.

> *Você sabia?*
>
> De acordo com o folclore, as mulheres dos haréns turcos eram proibidas de ter pepinos a não ser que eles tivessem sido fatiados antes.

Alimentando Um ao Outro

Alimentar é uma atividade natural, que pode despertar memórias de ter sido cuidado quando criança. Cozinhe uma refeição deliciosa para o seu parceiro e coloquem os bocados um na boca do outro. Alimentar alguém com seus dedos é mais sexy que com garfo, portanto, só use talheres se for imprescindível. Deixem os sumos da comida correrem pelas suas mãos e bocas e permitam-se a sensualidade do comer. Mais tarde, você pode limpar-se. Demorem-se em saborear mesmo o que estão comendo e descrevam os sabores e texturas um para o outro.

AMOR/COMIDA
Alimentar um ao outro é um bom jeito de mostrar q⟨ue⟩ você se importa d⟨e⟩ verdade.

AS ENTRADAS

Escolha alimentos que você pode pegar com os dedos, tais como cogumelos pequenos, aspargos, ou alcachofra preparada na manteiga; qualquer coisa que tenha um sabor bom e deixe um brilho sensual em seus lábios.

O PRATO PRINCIPAL

De novo, dispense a cutelaria e use alimentos que você possa pegar, tais como coxas de galinha, salsichas, batatas pequenas e feijões verdes grandes. Alternativamente, talharim e *hashi* são divertidos.

A SOBREMESA

Frutas sensuais – em especial pequenas e vermelhas –, as *berries* são alimentos de sobremesa ideais para alimentar seu parceiro. Tente morangos, framboesa e uvas vermelhas. Frutas perfumadas e com sumos grudentos, como ameixas, nectarinas ou peras cortadas, são frutas perfeitas antes do beijo, que farão com que seu sabor seja delicioso.

Jogo do espaguete

Espaguete é um alimento divertido de comer. Use espaguetes longos, coloque uma ponta na sua boca e outra na de boca de seu parceiro – agora sugue.

Experimentos com Afrodisíacos

Um afrodisíaco é uma substância que estimula o desejo sexual, excitação ou *performance*. Diversas substâncias adquiriram a reputação de serem afrodisíacas. Algumas, como cantárida e ioimbina, causam efeitos colaterais perigosos. Outras, como chifre de rinoceronte, simplesmente não têm nenhum efeito. Mas a maioria dos alimentos afrodisíacos é inofensiva e, de acordo com os especialistas, funcionam porque acreditamos em seus poderes sensuais.

OSTRAS E CHAMPANHE

Presenteie a si e seu parceiro com um festim da meia-noite composto de ostras e champanhe. Ostras lembram os genitais femininos. Elas também são ricas em zinco, que pode contribuir para a saúde dos órgãos reprodutivos. O champanhe, com suas bolhas e perfume inebriante, é a bebida da celebração. Caviar ou mexilhões são tão bons quanto as ostras, ou tente aspargos mergulhados em manteiga.

Experimentos com Afrodisíacos

> 🎀 *Inflame os sentidos de seu amado*
>
> Cozinhe uma refeição apimentada e compartilhe-a com seu parceiro. Entretanto, tenha cuidado com as pimentas – se você tocar a pele depois de manipulá-las, a pele irá arder, e pimentas podem até causar cegueira, se você esfregar os olhos com os dedos depois de cortá-las. A boa nova é que pimentas ardidas têm reputação de afrodisíacas há muito tempo, provavelmente porque elas aumentam a temperatura corporal, os batimentos cardíacos e irrigam a pele.

GINSENG

Compartilhem uma xícara de chá usando raiz de ginseng fresca. Algumas pessoas acreditam que ela estimula a libido. A palavra ginseng significa "raiz do homem", e ele é usado tradicionalmente como um tônico fortificante nas culturas orientais. Não tome ginseng se você tiver pressão alta.

CHOCOLATE E DOCE TURCO

Dê a seu parceiro um presente de chocolate e doce turco. Ambos os produtos contêm uma substância chamada feniletilamina (FEA), que as pessoas produzem naturalmente quando estão apaixonadas.

Travessuras no Piquenique

Tenha certeza de que o lugar escolhido para o seu piquenique é escondido. A última coisa que você quer é um grupo de excursionistas aparecendo na sua frente quando estiver servindo uma sobremesa íntima para seu parceiro!

A CESTA DO PIQUENIQUE TRAVESSO

Encha uma cesta de piquenique cheia de comidas de piquenique – quanto mais luxuriosas melhor. O objetivo é ser tão aventureiro quanto possível.

A lista de compras:

- Pão francês
- Carnes frias ou uma seleção de patês.
- Pepinos
- Algumas cenouras
- Caviar e bolachas água e sal
- Melão
- Uvas geladas em uma térmica
- Figos
- Laranjas
- Papaia
- Champanhe
- Pirulitos
- Camisinhas

Travessuras no Piquenique

Comece seu piquenique espalhando uma toalha imensa. Depois desembrulhe a comida. O ideal é que contenha alguns dos itens listados anteriormente.

PROVOQUE

Comam o alimento o mais provocante que puderem. Não se preocupem com escolher alimentos doces antes dos salgados – simplesmente comam o que quiserem. Faça sanduíches do tamanho de bocados e alimentem um ao outro. Coloque uma uva gelada entre seus dentes e ofereça-a para o seu parceiro (ou derrube-a no top da parceira "por acidente"). Dividam o mesmo pedaço de melão, e então beijem o suco um do outro.

Banquete Sexual

O banquete sexual é ímpar por não ter mesa, cadeiras, facas ou garfos. O corpo nu de seu parceiro é o prato em que o alimento é servido, e você é o único comensal. Outros ingredientes essenciais são uma tigela de creme batido, um pote de mel ou melado e uma seleção de frutas doces e sumarentas.

🎀 Dicas de banquete sexual

- Peça a seu parceiro para "esconder" um bocadinho de mel em seu corpo. Sua missão é encontrá-lo com a língua.
- Use um novo pincel para pintar o corpo com comida escorrendo, como creme, sorvete, melado, iogurte ou pudim de leite.
- Deixe seu banquete sexual degenerar em um caos e faça uma guerra de comida. Cubram um ao outro com creme batido, esmague frutas nos cabelos um do outro e espalhe pudim por todo o corpo dela.
- Coma toda a refeição do corpo de seu parceiro. Arranje as entradas no peito, o prato principal na barriga e a sobremesa no abdômen e genitais.

ESTIMULE O CORPO COM COMIDA

Use o alimento para estimular o corpo de seu parceiro. De início, procure estimulações sutis – pingue mel devagar de uma colher no umbigo, esprema laranja fresca na pele, passe um cubo de gelo nos bicos dos seios, lamba calda de chocolate do pescoço ou, usando creme batido, desenhe um padrão no corpo e depois lamba-o.

Quando sua parceira começar a ficar excitada, comece a estimular os genitais de modo indireto. Por exemplo, goteje champanhe entre as pernas dela ou coloque uma rosca em volta do pênis dele e mordisque-a, tomando o cuidado de raspar no pênis "acidentalmente" com sua língua.

Fantasia no Piquenique

Nessa fantasia de papéis, a mulher é completamente vulnerável e o homem toma conta de todo o encontro sexual. Como você encena essa fantasia é escolha sua. Você pode tanto pegar e escolher os elementos que deseja para recreação em casa ou, se tiver certeza de privacidade, você pode ir para um piquenique de verdade na floresta.

O CENÁRIO DA FANTASIA

Imagine que você está sozinha em uma clareira de piquenique na floresta. Você comeu um pouco da comida de sua cesta de piquenique e decide deitar e saborear os sons e cheiros da floresta. É um dia quente, e você tira a roupa para sentir a sensação do sol em sua pele. Fantasias sexuais passam pela sua mente, mas bem quando você está começando a acariciar-se, você ouve o estalido de um galho.

Você senta-se, com medo de não estar só. Você ouve com atenção e pode perceber o farfalhar que parece estar se aproximando e vem em sua direção.

Antes de ter oportunidade de agir, um homem aparece na clareira. Ele é alguém que você reconhece vagamente, mas não conhece bem. Em contraste com sua nudez, o homem está vestido formalmente em um terno completo. O homem tem um ar de respeitabilidade, que parece fora de lugar com a cena de sua nudez. Você fica embaraçada e tenta cobrir seus seios com as mãos.

Mas o homem não demonstra desaprovação, nem mesmo surpresa. Ele abre sua pasta e tira uma toalha de mesa branca, imaculada, que espalha no chão da floresta. Enquanto isso, ele empurra a cesta de piquenique em sua direção.
Devagar e meticulosamente, o estranho arranja todo o alimento da cesta em seu corpo nu. Então, casualmente, ele senta e admira seu trabalho.

O BANQUETE

Seu humor vai mudando devagar, de nervosismo para interesse. Você quer saber o que acontecerá em seguida, e está começando a ficar excitada.

Devagar o homem fica em pé, tira a jaqueta, dobra-a com cuidado e coloca no chão. Depois ele coloca um guardanapo branco pendurado na camisa. Todos os seus movimentos são arranjados e precisos.

Ele diz para você ficar absolutamente imóvel, para que não caia comida para fora do corpo e, em seguida, ajoelha-se ao seu lado e começa a comer de seu corpo. Ele lambe *cream cheese* e framboesas de seu peito e, quando ele chega aos seus genitais, o chocolate que ele colocou lá já começou a derreter. Como resultado ele começa a lamber seus clitóris. Você percebe que, apesar de sua compostura, ele teve uma ereção. Mesmo assim, ele não fez nenhuma tentativa de penetração.

Tudo isso é curiosamente sensual. Você percebe que está começando a reagir e, muito depressa, a pressão da língua dele se torna tão maravilhosa que você começa a contorcer-se e gemer até que, no fim, embora você tente, não consegue evitar um orgasmo.

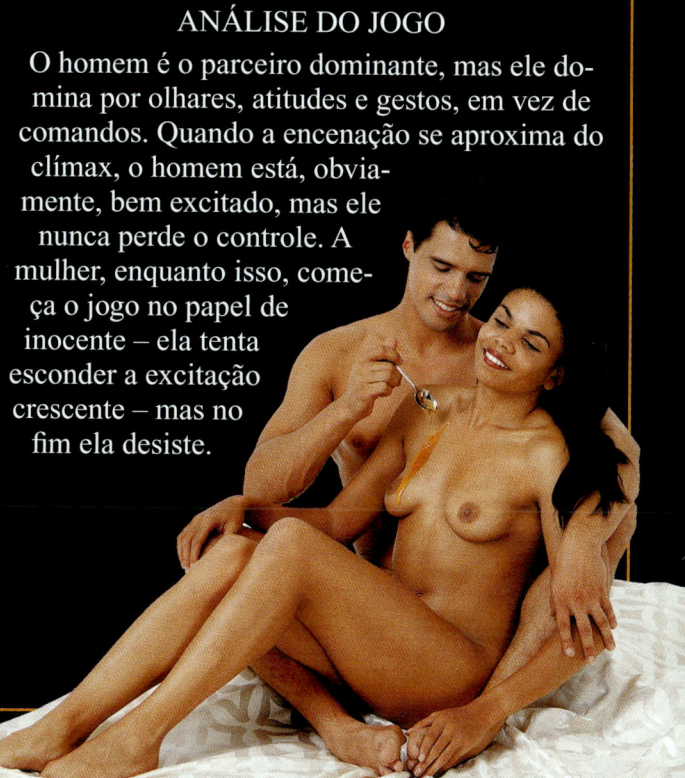

ANÁLISE DO JOGO

O homem é o parceiro dominante, mas ele domina por olhares, atitudes e gestos, em vez de comandos. Quando a encenação se aproxima do clímax, o homem está, obviamente, bem excitado, mas ele nunca perde o controle. A mulher, enquanto isso, começa o jogo no papel de inocente – ela tenta esconder a excitação crescente – mas no fim ela desiste.

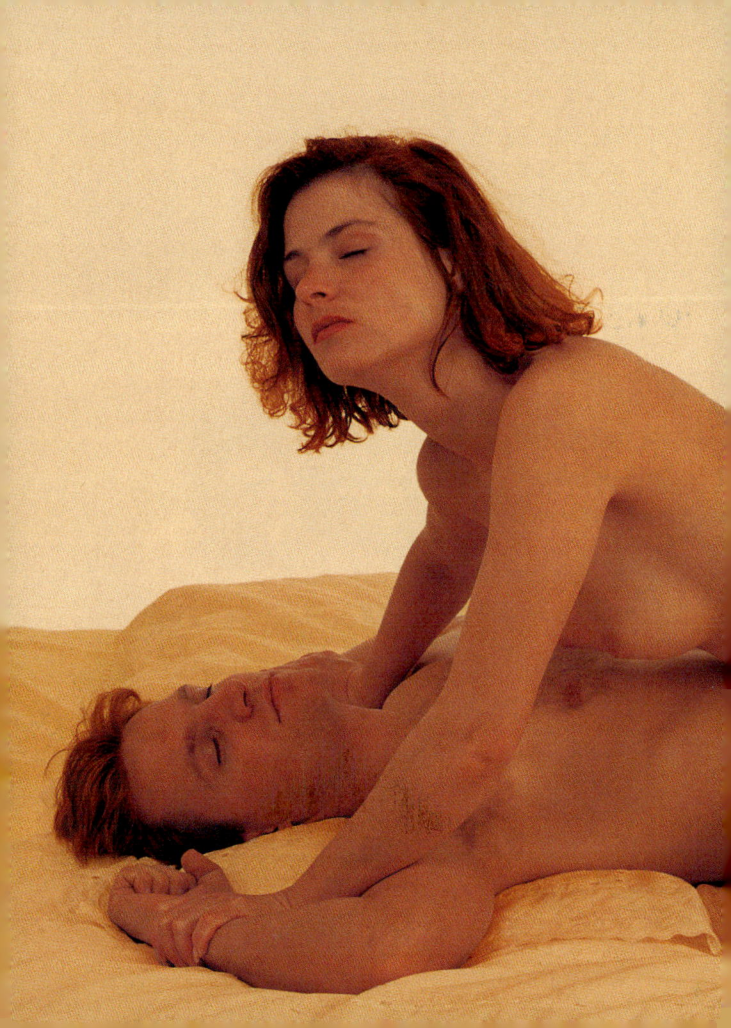

Jogos censurados para menores

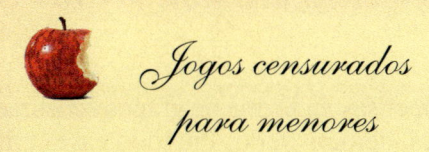

Esta parte do livro é censurada, por precaução, apenas para os muito maduros. É um tipo de aula especial na arte de dar prazer oral, que se estende ao ensino de massagens genitais do mais alto grau. Tais jogadas de mestre de mãos e boca podem ser usadas no sexo espontâneo ou você pode considerá-las prêmios para serem distribuídos por bom comportamento durante qualquer jogo sexual.

Jogos Extremos para Especialistas em Sexo

Recompensas na forma de afagos censurados para menores, demonstrados em todo esse capítulo, podem ser prêmios por bom comportamento. Mas eles também podem ser usados como instrumentos de tortura. Por exemplo, bem quando seu homem está gemendo com prazer, enquanto você oferece sexo oral a ele, você pode recuar, devagar.

Talvez por compaixão, você volte para sua tarefa de dar prazer. Mas, então, ele irá agitar uma mão ou tentar agarrar seu cabelo. Você para o procedimento na hora. Ele ficará enraivecido e com um pouco de medo. Agora ele não sabe se você pretende terminar o que começou. Essa versão de punição e recompensa pode continuar indefinidamente.

Alternativamente, você pode aplicar suas artes manuais mais safadas ao corpo tenso dele. Só que agora o jogo ordena a ele que resista a todo custo ao orgasmo, senão ele pagará uma bela penalidade. Geralmente, o resultado é um grande orgasmo.

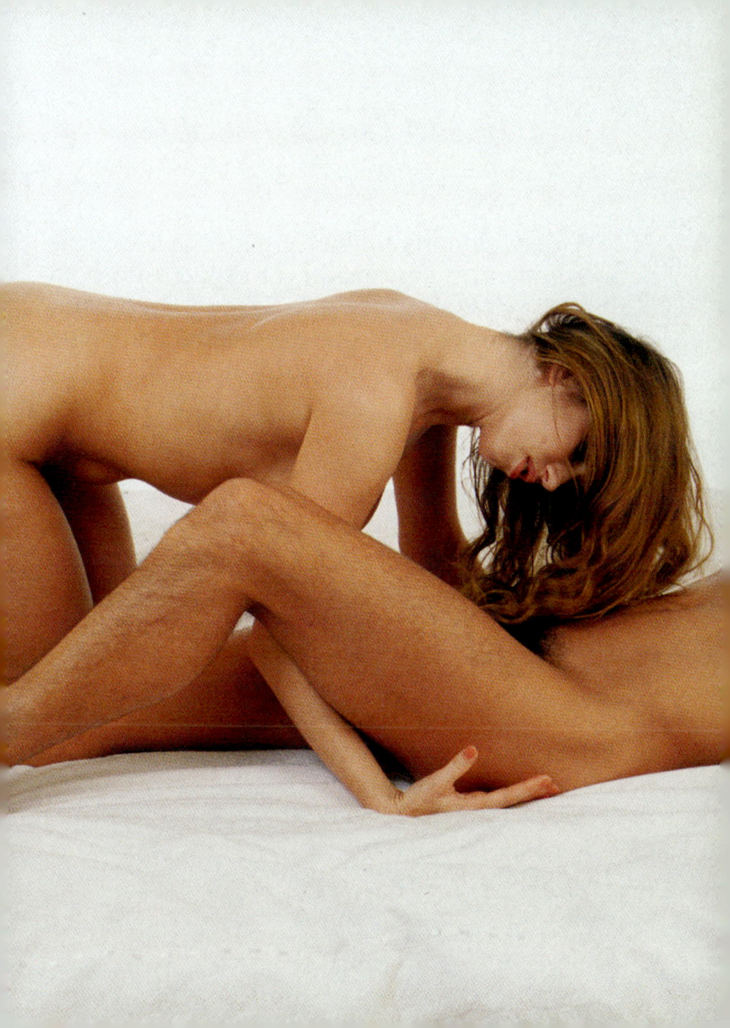

Sexo Oral para Ele

A boca de uma mulher é pequena e o pênis de seu homem é bem maior. O segredo do bom sexo oral é descobrir como fazer de uma o complemento do outro, para que ele se sinta realmente engolfado e ela não se sinta sufocada.

O PONTO DE SAÍDA

Não espere até o seu homem ter uma ereção antes de colocar sua boca nele. Leve-o até sua boca, enquanto ele ainda está macio, e sugue-o um pouco e engula-o outro tanto. O movimento de engolir cria um puxão diferente no pênis dele e cria uma pressão. Se você fizer esse movimento ritmicamente, ele terá uma ereção.

MODELAGEM COM A LÍNGUA

Segurando o pênis dele pela base com uma mão, passe a ponta de sua língua por um lado do pênis, de baixo para cima, cruze a cabeça.

Quando você descer pelo outro lado, deixe a parte de baixo de sua língua fazer pressão. Faça isso duas ou três vezes, antes de continuar usando a língua. Como uma ferramenta de escultura, literalmente lambendo o pênis dele em uma forma.

FAZENDO MOVIMENTOS CIRCULARES

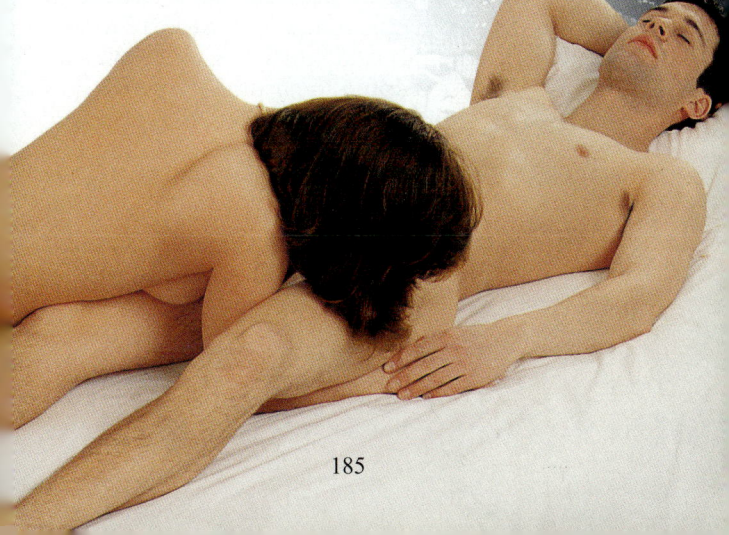

Agora empurre sua boca para baixo no pênis dele, de forma que ele começa a penetrar mais fundo em sua boca e depois recue de novo. Enquanto você faz isso criando um ritmo, faça movimentos circulares com sua língua, repetidamente, em volta da cabeça do pênis dele, para que seu membro másculo seja submetido a duas formas de afagos e ritmos opostos ao mesmo tempo. Isso é extremamente estimulante para ele.

TOCANDO A GUITARRA

Enquanto você segura o pênis dele em sua boca, dê petelecos com sua língua apontando, para trás e para a frente, cruzando o topo do pênis, onde o frênulo (a saliência longa que percorre todo o pênis) está situado. É mais ou menos como tocar uma corda de guitarra. E quando você sentiu que ele já desfrutou o suficiente dos petelecos, tente murmurar. O murmúrio vibra em todo o pênis e toda vez que você mudar o tom ou a altura do murmúrio, ele sente diferente.

A BOCA ESTENDIDA

Agora começa a manobra secreta para as mulheres

Sexo oral Para ele

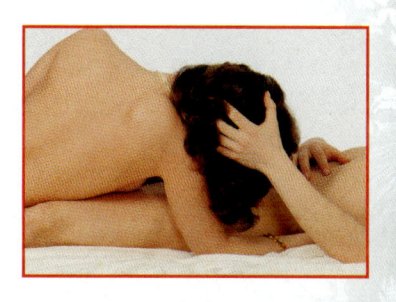

com boca pequena. Uma vez que a cabeça do pênis esteja em sua boca, coloque sua mão molhada em volta do pênis, mas por cima de seus lábios, para que pareça para ele como se seus lábios tivessem se esticado e envolvido completamente seu pênis. Agora, enquanto sua boca sobe e desce pelo pênis, certifique-se de que sua mão acompanhe os movimentos.

VARIANDO A PRESSÃO

Seus dedos e dedão irão se encontrar naturalmente em volta do pênis e você pode tentar variar a pressão deles. Homens mais velhos em geral precisam de uma pressão maior para ter qualquer sensação definida, enquanto os jovens simplesmente gostam do contraste. Não tenha medo de apertar com firmeza.

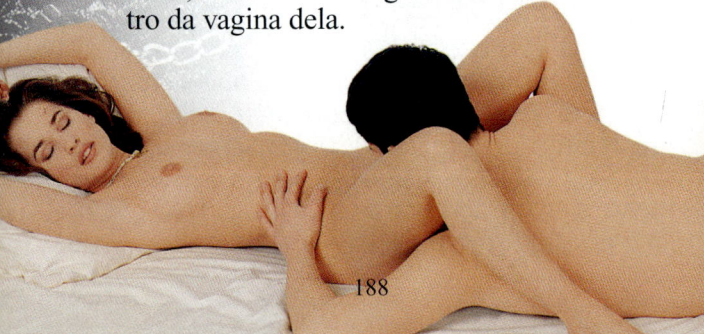

Sexo Oral para Ela

A língua, provavelmente, é o melhor auxiliar para o sexo do mundo, uma vez que ela proporciona variações estonteantes de sensações diretamente no clitóris enquanto o torna tão molhado que você tem a sensação de que você pode simplesmente deslizar para dentro.

JOGO DA ESPADA

Para um sexo oral sensacional na mulher, sua cabeça precisa estar bem entre as coxas dela e de preferência um pouco abaixo delas, para que você possa bater sua língua para cima contra a haste do clitóris. A partir disso você pode também, ocasionalmente, colocar sua língua dentro da vagina dela.

Sexo Oral para Ela

🎀 *Dicas táteis*

Nunca morda o clitóris, embora algumas mordidelas suaves nos grandes lábios possam ser sensacionais. Se você tiver câimbra na mandíbula, não desista do sexo oral. Tente manter sua língua parada, mas mexa sua cabeça para cima e para baixo.

AFAGOS DA LÍNGUA

- com pressão leve como a de uma pena, gire sua língua em volta do topo do clitóris;
- bata o topo de sua língua de um lado para o outro embaixo do clitóris;
- cubra o clitóris com sua boca, sugando suavemente (não com força, senão você pode machucá-la), e dê batidinhas com sua língua nele ao mesmo tempo;
- enquanto continua a girar ou dar petelecos, coloque um dedo na vagina e empurre de leve para dentro.

Massagem Censurada para Ele

Essas são massagens genitais fantásticas para homens, que oferecem tal variação explosiva de sensações que você começa a se perguntar por que alguém vai direto para o intercurso sexual.

O METRÔNOMO

Isso pode ser feito com o pênis parcialmente endurecido. Nele você coloca o pênis em pé com uma mão e dá um puxãozinho em direção à outra, que o pega depois de ele ter se movido alguns centímetros apenas. Essa outra mão, então, empurra-o de volta para a primeira. Mantenha essa brincadeira, e no fim o pênis fica indo para lá e para cá como o ponteiro de um metrônomo. É um método excelente de excitar o seu homem.

MÃO SOBRE A MÃO

Usando suas mãos como argolas, deslize uma argola para baixo empurrando a glande de seu homem, rapidamente seguida pela outra. Quando uma mão chega à base do pênis, traga-a para cima e comece de novo no topo.

Massagem Censurada para Ele

O ESPREMEDOR DE LIMÃO

Segurando o pênis para cima com uma mão, esfregue gentilmente a palma da outra mão pelo topo da cabeça.

ESPREMEDOR ELÉTRICO

Segure o pênis para cima com uma mão e juntando os dedos da outra mão de maneira apontando para baixo, em uma forma mais ou menos de uma aranha, agarre suavemente a cabeça do pênis com essa "aranha" e gire os dedos para a frente e para trás em volta da cabeça como se estivesse espremendo um limão.

Dica de ação

Nunca faça nenhuma massagem genital sem usar toneladas de lubrificação perfumada. Quanto mais fácil for deslizar suas mãos pelos genitais de seu parceiro, maior será a sensação e conforto que ele sentirá.

Massagem Censurada para Ela

A pele é o maior órgão do corpo, e bem abaixo de sua superfície estão milhões de terminações nervosas minúsculas todas sensíveis ao toque. Poucas partes do corpo humano são mais sensíveis do que os genitais femininos, então aqui vão algumas recompensas poderosas na forma de toques e carinhos para elas.

O BICO DE PATO

Coloque os dedos de uma mão na forma de um "bico de pato", coloque-os acima do clitóris e pingue óleo de massagem aquecido sobre eles de forma que o óleo escorra devagar por eles e corra para dentro dos genitais dela, mas não dentro da vagina. Isso é sentido como uma sensação de inundação, cheia de calor, mas um tanto perturbadora, esse é o objetivo.

"BAMBOLEIO"

Comece com os grandes lábios. Use ambas as mãos ao mesmo tempo e gentilmente puxe-os, então solte-os, como você faria se fosse um dos lábios de sua boca.

Massagem Censurada para Ela

> 🎀 *Dicas de segurança*
> Óleo mancha, então verifique se o seu parceiro está deitado em uma cama de toalhas. Por favor, assegure-se de que o óleo esteja aquecido e não entre na vagina dela.

Quando tiver "bamboleado" um grande lábio, repita o processo com o outro e então vá para os pequenos lábios.

MANOBRAS CLITORIANAS

Com extrema delicadeza, com um toque tão leve quanto o de uma pena e usando muito lubrificante, passe seu dedo primeiro em volta da cabeça e depois para cima e para baixo do capuz do clitóris dela.

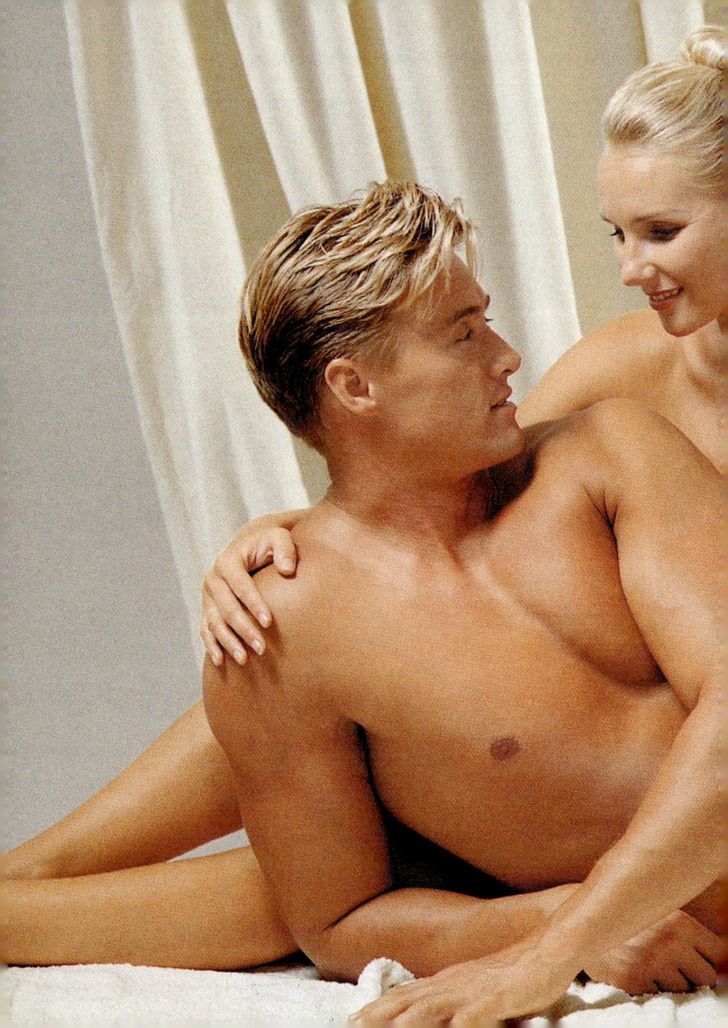

Feliz Aniversários

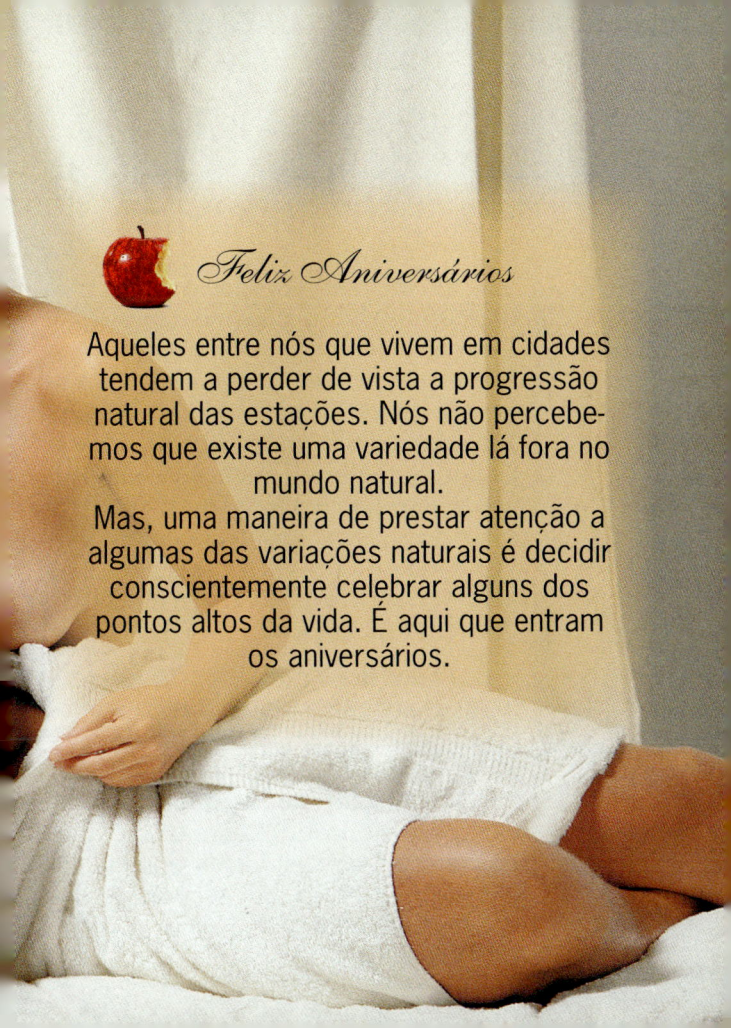

Aqueles entre nós que vivem em cidades tendem a perder de vista a progressão natural das estações. Nós não percebemos que existe uma variedade lá fora no mundo natural.

Mas, uma maneira de prestar atenção a algumas das variações naturais é decidir conscientemente celebrar alguns dos pontos altos da vida. É aqui que entram os aniversários.

Jogos para Ocasiões Especiais

O método do século XXI para oferecer variação para nossas vidas é focar na celebração de aniversários, sejam eles pessoais ou culturais. Damos grande importância a dar presentes, fazer jantares, sair para beber ou passar as épocas de comemoração com amigos e família. Tendemos a não usar o sexo para esses acontecimentos, porque a maioria de nós sente que o sexo, para ser bom e parecer "verdadeiro", deve ser espontâneo.

O que deixamos de perceber algumas vezes é que muitas vezes passamos horas pensando em sexo, fazendo-o girar em nossa mente e fantasias. O que acontece no fim desse processo ainda cai sob o título de "espontâneo" porque apesar dessas ideias súbitas inconscientes, ainda não sabemos o que acontecerá de fato.

Como podemos? O que acontecerá no fim depende de outra pessoa. E as outras pessoas são imprevisíveis, não são?

SAINDO PARA A NOITE

Claro que as outras pessoas são imprevisíveis. Mas mesmo assim existem algumas coisas que você pode prever. Se você agrada sua mulher com um jantar romântico para dois no dia dos namorados, existe grande chance de ela adorá-lo por isso. Se celebrar o aniversário de seu namorado levando-o para um clube noturno de transexuais, ele provavelmente ficará excitado. Nas próximas páginas eu discuto alguns dos aniversários mais significativos, aqueles que celebramos "em massa" e alguns que são mais pessoais.

> *Dica de ação*
>
> Seja sensível às preferências de seu parceiro, mas não tenha medo de ter algumas celebrações especiais em dias de gala e feriados.

Seu Aniversário

O jogo sexual escolhido para a celebração de um aniversário deve ser algo especialmente pessoal para o seu parceiro. Por exemplo, um homem sabia que sua mulher era fascinada por indivíduos andróginos. Então, ele convidou-a para uma festa de *cross-dressing* – para dois. Ele sacrificou-se bastante para conseguir sua aparência: raspou as pernas, arranjou seu cabelo (que, convenientemente, era comprido), colocou um vestido e aplicou a maquiagem com todo o cuidado. Ela, fascinada, entrou no tema com entusiasmo e chegou usando um terno e calça de riscas, cabelo penteado para trás, seu rosto com maquiagem mínima.

O encontro foi inesquecível. Ela olhou para ele, trancou a porta da frente, nem pensou no jantar preparado com todo o cuidado, mas agarrou seu homem e carregou-o para o quarto.

Ele teve tempo apenas para sussurrar "fique no personagem" antes de ela cair sobre ele em *frenesi*.

SUGESTÕES PARA ELA

Atenha-se ao pensamento de que você decide os movimentos. Se ele gostar da ideia, você pode penetrá-lo com um dedo ou com um pequeno vibrador. Ou se você se considerar um verdadeiro destruidor de limites, pode investir em um dildo com cinta e realmente entrar no personagem.

SUGESTÕES PARA ELE

Mime sua mulher até ela ficar fora de si com prazer sensual. Prepare um banho de perfume adocicado para ela, encharque-a devagar e luxuriosamente, alimente-a com frutos lúbricos e dê-lhe champanhe em uma taça flauta gelada. Depois, enrole-a em toalhas quentes e macias e carregue-a para a cama.

E quanto tudo tiver acabado? Bem, naturalmente você corta o bolo de aniversário.

Aniversário do Relacionamento

Por definição, um aniversário é uma celebração de um longo tempo passado juntos. Um método muito especial de apimentar seus relacionamentos de longa data, portanto, é hora de brincar do jogo "Primeiro Encontro".

O JOGO

No Primeiro Encontro vocês fingem que estão se encontrando pela primeira vez. Cheguem separados em um restaurante para jantar e sentem-se em mesas separadas. Enquanto pede sua refeição, "perceba" a outra pessoa em uma mesa vizinha. Fique observando. No fim, um de vocês deve andar até o outro e apresentar-se ou vocês podem enviar um bilhete pelo garçom, dizendo como você não consegue tirar os olhos da pessoa. O outro pode escolher esse momento para parecer recatado.

Eles podem agradecer, diretamente ou pelo garçom, mas eu não faço esse tipo de coisa, normalmente.

Mas, ainda assim, você não pode impedir seus olhos de se voltarem para a direção em que a pessoa está. No fim, você pede ao garçom para enviar uma bebida para a mesa do outro. Agora o outro é quem decide se ele dirá ou não: "Muito obrigado, venha para minha mesa para conversarmos".

ANÁLISE DO JOGO

Talvez não soe muito como um jogo, quando você conhece a ideia toda, mas a experiência de cumprir o roteiro diante dos olhos de outras pessoas – sabendo que o garçom, por exemplo, acredita mesmo que vocês estão paquerando – pode ser curiosa. É como se estivesse acontecendo de verdade. Você se pergunta o que o garçom pensa a seu respeito. Ou, se alguém no aposento tiver notado e talvez desaprovar. Tente e veja.

Dia dos Namorados

Planeje uma comemoração privada. Convide seu parceiro para sua casa, para a noite e encontre-o na porta, com uma garrafa de champanhe. Enquanto está preparando-se para o acompanhamento das bolinhas do champanhe e alguns sons significativos, alimente seu amor com um jantar leve de dia dos namorados. Espere por ele e concorde com todos os pedidos que ele fizer. Quando ele tiver terminado, diga-lhe que o presenteará com a melhor coisa na terra, para ajudá-lo a digerir o jantar. Leve-o para uma poltrona, tire seus sapatos e dê-lhe uma massagem relaxante nos pés, enquanto ele descansa.

OS PÉS MIMADOS

Usando sabonete líquido (menta para tempero adicional) ajoelhe na frente dele e, embalando seus pés em toalhas aquecidas, massageie primeiro um, depois o outro.

Dia dos Namorados

Diga a seu parceiro para fechar os olhos totalmente e, distraidamente, ajude-o de todas as maneiras, movimentando seus membros. Todos os movimentos serão de sua responsabilidade. A experiência da pessoa sendo mimada é de sentir-se indefesa, luxúria e confiança.

Quando ele estiver tão relaxado que tiver se transformado em um gatinho, acabe sua massagem e leve-o para o quarto. Agora tente algumas coisas de gente grande nele. Vejas as páginas 184-185 para suas carícias censuradas para menores. A ideia é que seja o presente de dia dos namorados para ele. Esse é um momento devotado totalmente a ele. Suas necessidades podem ser satisfeitas em outra ocasião.

CARÍCIAS FANTÁSTICAS NOS PÉS

Com ambas as mãos segurando um pé, pressione firme seus dedões na sola do pé e faça movimentos de rotação simples na superfície. Repita em toda a planta do pé. Deslize um dedo bem lubrificado entre dois dedos dos pés dele e arraste-o devagar para a frente e para trás. Repita entre os outros dedos.

Dia do Trabalho

O dia do trabalho é originalmente um dia de bacanal, um festival priápico celebrando o vinho e o sexo. Nos tempos antigos era feito um desfile com um falo gigante pelas ruas, seguido por risadas, homens e mulheres bebendo. Depois do desfile, muitos dos participantes se escondiam nos arbustos para sua própria forma de celebração. As travessuras eróticas de algumas pessoas eram tão extremas que um imperador romano baniu a celebração para preservar a paz pública. Lembra-se das danças medievais em volta de um mastro enfeitado com flores? Você sabia que é um resquício de um festival anterior e mais selvagem? A seguir, o que você pode fazer para atualizar esse aniversário fálico.

O JOGO

Diga a seu parceiro que você foi convidado por um fabricante de brinquedos sexuais para testar alguns de seus aparatos para o mercado.

Administre o jogo clinicamente. Peça a seu parceiro para deitar de costas na cama, depois de tirar as calças e cueca, e peça a ele para classificar cada peça de equipamento do seguinte modo: a) satisfatória; b) muito satisfatória; ou c) insatisfatória. Depois, sistematicamente, teste a maior gama de vibradores que você puder ter em mãos. Você deve experimentar um vibrador em forma de anel, que se encaixe na base do pênis, um gigante elétrico que chacoalhe todo o corpo, e o pênis ainda mais, ou o modelo anal especial, que é ligeiramente curvo para alcançar a área supersensível da próstata. Cuide de manter o personagem para ter certeza de que o experimento será mais provocador ainda.

ASSEGURE A DISCRIÇÃO

Se você odeia a ideia de visitar uma loja de artigos sexuais para conseguir os vibradores, tente comprar na internet ou por telefone.

Jogos Sexuais para o Dia de Ação de Graças

A refeição do Dia de Ação de Graças comemora o banquete oferecido em agradecimento a uma colheita segura, pelos colonizadores peregrinos, em 1621, e tornou-se parte importante da vida norte-americana. Todos os anos, por toda a América, as famílias sentam-se juntas para uma refeição imensa, com um peru assado e outros pratos de aniversário para agradecerem. Existem muitas outras razões, entretanto, para agradecer. Talvez você tenha algo especial para comemorar. Você passou em um exame importante. Ou talvez tenha encontrado um novo emprego. Existem muitas ocasiões excitantes na vida quando desejamos algo especial.

Um casal decidiu servirem-se um ao outro como banquete de Dia de Ação de Graças! Mara amarrou George como

Jogos Sexuais para o Dia de Ação de Graças

um peru, atando seus braços e pernas firmes juntos.

Quando ele estava deitado de costas com os membros amarrados, Mara esfregou George com óleo, untando-o com conchas do produto. Ela decidiu não colocá-lo no forno, mas substituiu o forno por um secador de cabelos poderoso, para aquecer certas porções comestíveis. Tudo isso pareceu tão bobo que George passou a maior parte do tempo rindo compulsivamente. O grande final aconteceu quando o "pássaro" foi considerado pronto para o consumo. Mara caiu de boca nele e fingiu mastigá-lo. O casal riu tanto, que quando Mara desamarrou-o, eles riram durante todo o sexo até chegarem ao orgasmo. Risadas, como outras emoções fortes, aumentam os níveis de adrenalina. Adrenalina aumentada significa que o ciclo de reações sexuais já começou. Faz boa diferença ativar o humor.

DICA DE TATO

Faça esse jogo apenas com alguém que você saiba possuir o mesmo senso de humor que você!

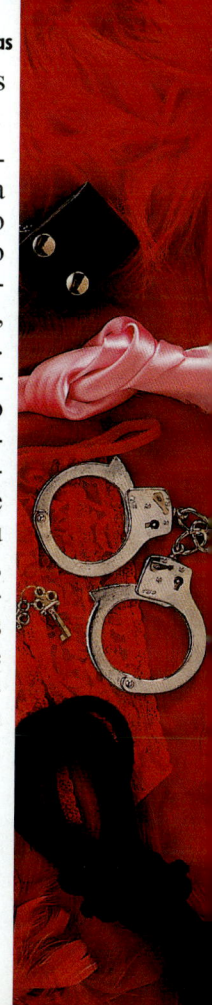

Divertimento Sexual No Natal ou Chanucá

Ho, ho, ho! O que vem em mente quando pensamos no Natal? Papai-Noel, azevinho, presentes embrulhados em papel brilhante, fogos de artifício, a época natalina? E embora o Chanucá não tenha a mesma conotação, algumas das atividades do Natal ficaram misturadas com o festival judaico, porque eles acontecem muito perto um do outro. Luzes brilhantes, o frio e fogos de artifício são, com certeza, comuns às duas festas. Para entrar totalmente no espírito de Natal, eu sugiro um presente manual, na forma de uma massagem "quente".

Vocês podem preparar seus amados para seu presente dando-lhes um envelope. Dentro está um certificado bonito escrito à mão, dizendo: "Este certificado habilita-o para uma massagem 'quente'". A mais quente que você puder imaginar, já que você está lutando contra uma estação de clima gélido.

Divertimento Sexual No Natal ou Chanucá

MASSAGEM QUENTE

A massagem quente consiste de uma massagem comum no corpo, mas feita com cremes especiais para massagem. O melhor tipo para usar é um creme para esfregar os músculos, alguns deles podem ser comprados por ordem postal ou na internet. Se estiver desejando sensações intensas, você deve pensar em um creme para músculos intenso, mas fique ciente, se você aplicar em excesso ele pode queimar, de verdade. Dê a seu parceiro a massagem mais quente da vida dele, exceto nos genitais. Quando for a hora de cuidar desses órgãos, lave as mãos e troque por carícias proibidas para menores.

Para ela você deve tentar movimentos circulatórios leves no clitóris, ou puxar devagar pequenos feixes do seu pelo pubiano. Para ele você pode tentar a massagem da "contagem regressiva" no seu pênis – massageando *abaixo* do prepúcio do pênis dez vezes, então oito, sete, seis até chegar em uma – se ele aguentar todo esse tempo.

Jogo da Sorte

Talvez este seja um daqueles dias cinza, quando você não acredita que nada de bom irá acontecer de novo e o verão parece distante. Não tem nenhuma data festiva ou presentes à frente. É o dia, de fato, para o Jogo da Sorte. Esta é uma invenção para chacoalhar você e seu parceiro para fora da melancolia do inverno – olhe para o saco do Jogo da Sorte e entre em um estado mental mais festivo.

PRIMEIRO ESTÁGIO

Pegue um Saco de Jogo da Sorte. Pode ser qualquer tipo de saco. No saco tem uma série de ordens sexuais escritos em pedaços de papel separados. Se você não tiver uma sacola conveniente para isso em sua casa, você pode se divertir preparando uma antes, para o caso desse tipo de dia chuvoso.

Jogo da Sorte

Que tipo de ordens sexuais você deve dar? Aqui vão algumas sugestões:

- sexo oral quente e frio, alternando o calor da boca aquecida por chá quente ou esfriada com cubos de gelo;
- trocar fantasias;
- agir como uma lésbica tesuda;
- fingir que é uma prostituta;
- policial vicioso;
- candidato a um emprego.

ESTÁGIO DOIS

Obedeça às ordens.

ANÁLISE DO JOGO

O Jogo da Sorte parece horrivelmente artificial e pode inspirá-lo a correr quilômetros. A parte interessante, entretanto, sobre fazer coisas sexuais porque "mandaram" é que as tornam muito sensuais. Isso provavelmente acontece porque "mandar" de alguma maneira dá a você a permissão de ser uma pessoa muito diferente.

O Macho Passivo

Primeiro, escolha com cuidado o homem antes de tentar essa encenação. Não é todo macho que suporta ser passivo – mesmo que por meia hora. Construa seu padrão sexual devagar. Convide-o para sua casa para uma bebida depois do trabalho. Quando ele chegar, beije-o, continue beijando-o, e permita que seus corpos se ajustem ao sofá, o chão ou até a mesa da cozinha – qualquer lugar, desde que você consiga se esticar, de preferência em cima dele.

Se ele lutar para retribuir, acalme-o dizendo: "Não, só fique deitado e aproveite. Este é um presente para você, só para você". Quando o corpo enternecido estiver mostrando sinais de querer se misturar com o seu, tire as roupas dele, rápido. Bem rápido, com jeito, tire a camisa, abra o zíper da calça e arranque-as, então tire suas roupas. Isso vai deixá-lo a ponto de bala.

Beijando e mordiscando toda a extensão do torso dele, deixe suas mãos entrarem na sua cueca, em seguida, casualmente, tire a cueca. Agora, comece a fazer sexo oral nele. Com seus lábios cobrindo os dentes, dê mordidelas na borda da glande em volta do prepúcio do seu pênis, vibre a ponta da sua língua sobre a cabeça do pênis, sugue-o, como se fosse um sorvete e gire seus dedos em volta da base. Se ele não teve uma ereção quando você começou esses movimentos, logo ele a terá.

Em seguida, afaste-se dos genitais e dê beijos, pressionando as bochechas dele, suas têmporas e os lados de sua boca, antes de permitir que seus lábios se deliciem com os dele. Passe sua língua pelo lado de dentro da boca dele e, quando ele estiver inundado de prazer e sofrendo de desejo, deslize sua vagina com cuidado sobre sua ereção e cubra-o totalmente. Agora leve-o a um clímax dramático. Cavalgue-o devagar, roçando seus peitos no peitoral ou até no rosto dele, depois desça, apertando firme. Você cria o ritmo, fazendo-o ficar louco de prazer, cavalgando para cima e para baixo, por toda a extensão de seu pênis, e forçando-o a um orgasmo espetacular.

LEVANDO AS COISAS MAIS LONGE

Fazer amor com alguém que é passivo e, ao mesmo tempo, que reage muito bem pode ser absolutamente viciante. O problema com isso é que ele leva você a arriscar-se. Uma amiga contou-me que ela costumava arrastar os seus amigos para pórticos escuros em partes remotas da cidade e forçá-los a fazer sexo com ela (não que eles objetassem muito, é claro!). Mas, esse tipo de comportamento é, definitivamente, não recomendável. Se quiser se comportar de forma escandalosa, certifique-se de fazê-lo privadamente, longe de qualquer pessoa conhecida.

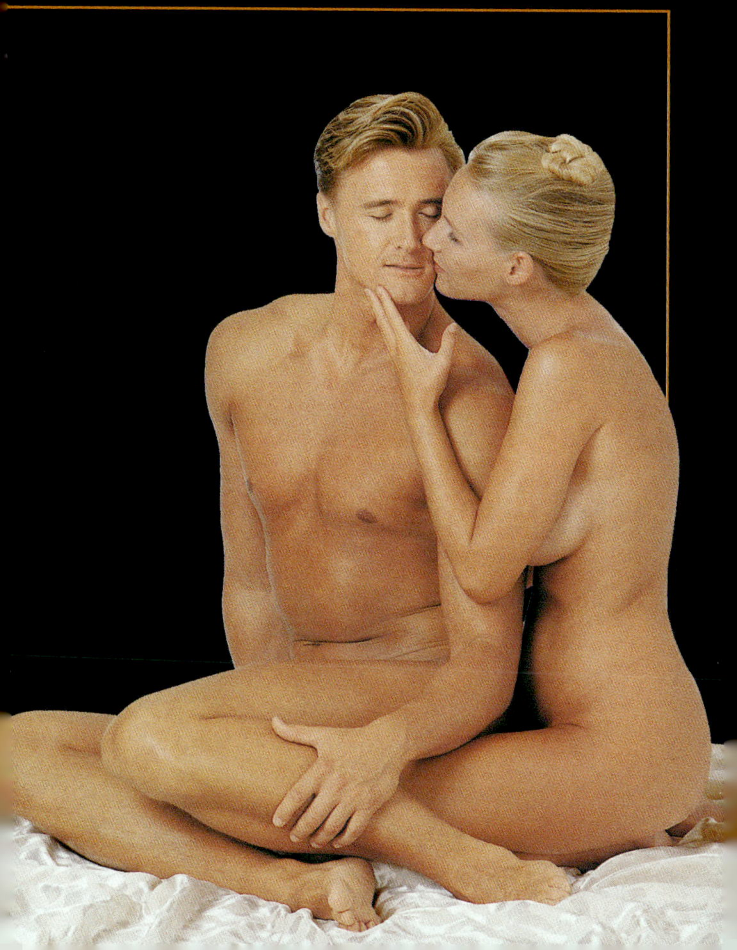

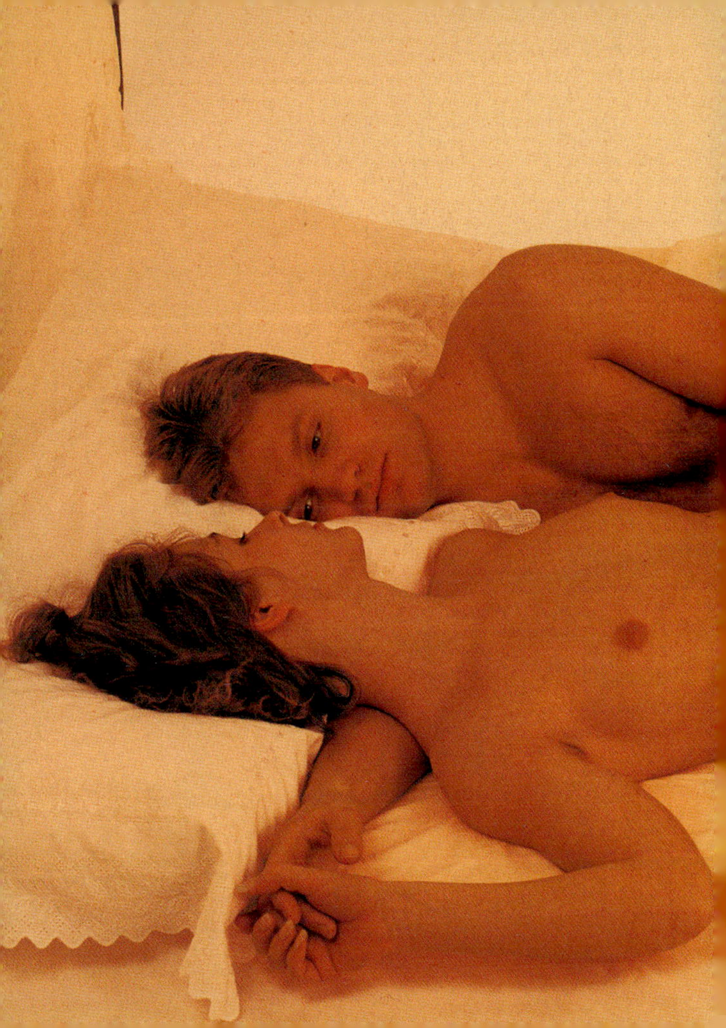

🍎 *Histórias para dormir*

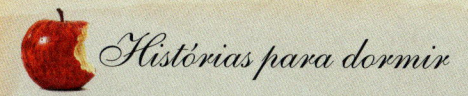

Ler histórias na cama para o seu amado é um ato de pura luxúria – é um método honrado no decorrer do tempo de oferecer um presente especial. Talvez as histórias sejam excitantes em si. Ou, então, elas apenas abrem o caminho para o relaxamento e aprovação mútua. Aqui tem duas histórias que você pode recontar para o seu parceiro antes de atiçá-los por baixo dos cobertores.

A Versão Alternativa de Cinderela

Ella, sua madrasta, Jane e suas duas meias-irmãs Candy e Lulu estavam agitadas. Elas tinham acabado de receber um convite para o Baile Real. O problema era que hoje era sexta-feira e o baile seria no sábado. "Com que roupa que eu vou?", foi a primeira questão que surgiu nas mentes.

Desde que o marido de Jane (e pai de Cinderela) morrera, o dinheiro estava muito curto. Não é fácil para quatro mulheres sobreviverem com uma pequena aposentadoria. Contudo, uma busca esperta nos guarda-roupas em comum, mais uma grande rodada de negociações de trocas de roupas, acabaram com as quatro mulheres enfrentando o desafio e conseguindo ficar lindas para o baile. O único item que elas tiveram que comprar para o evento foram as máscaras que as manteriam anônimas.

A Versão Alternativa de Cinderela

Na noite do baile, Jane persuadiu a madrinha de Ella, Mary a emprestar-lhes sua carruagem, e a família de mulheres chegou ao palácio com estilo. Graças aos espartilhos muito apertados da época, as mulheres não tinham dificuldades para conseguir parceiros para dançar. De fato, a movimentação do salão era tão grande que Ella perdeu a madrasta e as irmãs de vista várias vezes.

É claro que Ella já tinha encontrado com o príncipe. Sua família e a dela eram amigas de longa data, mas ela não o via há alguns anos. Durante esse intervalo ele tinha adquirido a fama de playboy. "Ele não é meu tipo mesmo", Ella tinha explicado para Jane. "Além do mais, para mim ele é como um irmão."

Por volta das 23 horas, Ella foi abordada por um homem alto, escuro e belo (também mascarado), que ela imaginou ser um dos amigos de faculdade do príncipe. Esse homem, de qualquer modo, era totalmente outra história.

Tinha algo nele que fez com que o pulso dela acelerasse e os joelhos amolecessem. Não demorou mais que uma valsa para Cinderela sentir urgência em ir para um lugar mais tranquilo. Felizmente, o estranho parecia sentir o mesmo.

Ela viu-se levando o jovem em direção à casa de verão real, de que ela se lembrava bem da infância. Uma vez lá dentro, ele empurrou-a para a parede rústica e beijou-a tão apaixonadamente, que ela quase esqueceu de respirar. Depois de um tempo embaraçosamente curto, ela estava afundada em um velho colchão, colocado em um lugar conveniente no chão, com o espartilho puxado até a cintura, as calcinhas jogadas no banco dos fundos e o amigo do príncipe enfiando nela como se a existência do mundo dependesse de sua pegada.

Ele tinha um pênis excepcionalmente grande e Ella sentiu, quase que na hora, a tensão sexual acumulando. De fato, um tipo de tumulto engolfou-a, uma vez que ele parecia estimulá-la de quatro direções ao mesmo tempo. Uma mão desceu pelo seu púbis até os grandes lábios, e esfregou com lubricidade e entusiasmo o clitóris dela, enquanto a outra mão de alguma maneira agarrou-a passando pelas costas e deslizou um dedo grosso para dentro de sua passagem posterior. Esse dedo, estranhamente, parecia ficar mais grosso, na medida em que continuava a se movimentar para dentro. Com a pressão poderosa na frente e a pressão contrária atrás, sem mencionar o incrível ritmo dos movimentos dele dentro dela, Ella estava a ponto de gritar, enlouquecida, quando de repente ela ouviu um clamor de vozes lá fora.

"Ella, onde você está? Nós temos de ir embora. A carruagem já vai partir. Ella, você tem de vir agora", gritaram as irmãs, enquanto corriam pela trilha de pedras que levava à casa de verão. Quando Ella ouviu suas vozes, ela também ouviu o som inconfundível do relógio do palácio batendo a meia-noite. Merda!

A sua madrinha tinha deixado claro que o condutor da carruagem, que era um espírito independente com suas próprias ideias, não esperaria um minuto além da meia-noite para voltar para casa.

Gritando alto: "Ó Deus" e: "Sinto Muito!", e estimulada agora pela tensão sexual massiva, Ella separou-se do abraço do jovem, levantou o espartilho sobre seus seios generosos e correu para destrancar a porta. Por incrível que pareça, a máscara dela ainda estava no lugar. Batendo a porta atrás de si, para que as irmãs não vissem o seu parceiro chocado, ela juntou-se a elas, correndo para a entrada. Elas chegaram à carruagem na última batida do relógio.

"Você está um tanto afogueada", disse Jane para Ella, acusadoramente. "Eu encontrei um jovem deslumbrante", disse Ella sonhadoramente. "Creio que era um dos amigos do príncipe". "Ah", disseram suas companheiras, compreendendo. Cada uma delas mergulhou em seus próprios pensamentos.

No dia seguinte na igreja, as quatro mulheres ficaram um tanto surpresas ao ouvirem anunciar que o príncipe havia encontrado uma bela jovem, na noite anterior no baile, por quem ele ficara completamente apaixonado e com quem pretendia se casar. Esse paradigma de beleza tinha ido embora correndo, e o príncipe havia ficado apenas com um item de roupa para poder identificá-la. Naquela tarde, todas as mulheres solteiras na cidade deveriam esperar uma visita do príncipe.

Foi só quando Ella abriu a porta, inocentemente, para o príncipe, que ela percebeu o que tinha feito. Sem dúvida, ela não via o homem há anos, mas ele tinha mudado demais. Ela reconheceu-o sem dificuldade como o parceiro ardente da noite anterior. De repente, ela não se sentiu tão desinteressada, no fim das contas.

Mas foi com embaraço que ela identificou as calcinhas que jogara com displicência para o lado na casa de verão. "Alguma das charmosas senhoritas reclamaria esta peça?" Ella afirmou ruborizada: "Ó querido, ela é minha", em choque.

"Ela é minha", disse a madrasta, que subiu a saia com ousadia para revelar que, de fato, ela estava usando outra igual. E, é claro, elas pertenciam, de fato, a Jane. Elas estavam entre as peças de roupa que as quatro tinham jogado pelo aposento, durante seu preparo longo e excitado para o baile.

Depois de muitos gritos de júbilo serem emitidos e do príncipe comprometer-se a casar-se com Jane, e depois da comitiva real partir, prometendo voltar de novo em breve, Ella recebeu outro choque.

"O que você quis dizer com aquilo?", ela gritou para a madrasta assim que a porta da frente foi fechada.

"Você sabe que eu estava usando aquela calcinha. Você sabe que era eu na noite passada."

Enquanto a madrasta olhava-a de um jeito esquisito, Candy e Lulu também começaram a gritar. "O que você quer dizer com isso, Ella?", elas guincharam ao mesmo tempo, "nós estávamos com aquele homem na noite passada, na casa de verão. Todas usávamos as mesmas calcinhas. Como você ousa reclamá-lo?".

Jane olhou para as três garotas com uma fúria gélida. "Vocês todas, podem parar de gritar agora", ela declarou com frieza: "Eu estava com o príncipe na noite passada. Aquela calcinha era minha e eu não pretendo dividir nada com vocês, crianças, nada mais e nunca mais, principalmente, meu futuro marido".

Bem, Ella pensou consigo, quando seu choque passou. "De vez em quando você perde, outras vezes ganha – eu nunca gostei muito do príncipe mesmo!"

O Jogo do Amor

"Não adianta, Tom, eu vou ter de sair da competição." Alison parecia de saco cheio.

"Mas, por quê?" Tom sentiu-se, ele mesmo, atingido pelo desapontamento.

"Porque não é possível para nenhum de nós ganharmos. Eu ponderei o assunto sob vários ângulos e cada vez me deparei com... a impossibilidade da tarefa. Se ambos sabemos que cada um de nós está tentando fazer o outro se apaixonar, a equação se cancela. Honestamente, eu não acredito que isso seja possível."

"Mas e o prêmio em dinheiro?" E a cobertura da rede em vídeo? Se você desistir, nós perdemos tudo. Você não pode tentar um pouquinho mais?"

"Não!" Alison estava sendo definitiva. "Eu vou dizer aos organizadores que estamos fora."

"Hum...", Tom estava pensativo. "Nós podemos simplesmente não contar para eles até a transmissão final. Assim, pelo menos, nós teremos a cobertura e o cachê durante o período. Eu preciso mesmo do dinheiro, Ali."

Alison reconsiderou. "Você quer dizer que temos de fingir?"

"Isso não nos matará", salientou Tom. "E pagará as contas por mais três meses."

Então, foi forjado um acordo de trabalho. Em troca da concordância de Tom para desistir, Alison se absteria de desistir de sua posição. Em troca da promessa de Tom de ficar quieto sobre ela ter desistido, o casal iria, pelo menos, beneficiar-se de uma pequena renda, enquanto enganassem os juízes.

O Jogo do Amor tinha sido anunciado na Web Vid há três meses e centenas de casais tinham se inscrito, na hora, para a competição. O objetivo era um fazer o outro se apaixonar no prazo de seis meses. A primeira pessoa a conseguir (a fazer o outro se apaixonar) seria o vencedor. O truque (por trás do risco da empresa de câmeras para web desembolsar milhões) era a tarefa conter um paradoxo embutido. Se disserem para você se apaixonar, isso se torna praticamente impossível. Portanto, não existiam vencedores, mas muita cobertura desesperada e divertida na rede.

Quando Tom e Alison fizeram seu acordo privado, a atmosfera entre a dupla ficou mais amena. Saber que não ganhariam e que nenhum de seus movimentos importava mais significou que eles puderam relaxar. Contudo, para manter as aparências, eles fizeram tudo o que os parceiros fazem tradicionalmente. Eles passearam pela floresta, lancharam à margem do rio, ficaram de mãos dadas em todos os lugares mas, diferente da maioria dos grandes parceiros, uma webcam acompanhava sua corte em cada estágio.

Claro, eles tinham o direito de desligar a câmera. Ninguém esperaria que eles fossem ao banheiro quando vistos por milhões. E a necessidade de privacidade se intensificou com a passagem dos meses. Cada vez mais, a câmera era desligada. Durante esses períodos de ocultação, Tom e Alison desmoronavam um do lado do outro e relaxavam. A situação (câmera desligada) ficou até engraçada – um tipo de piada repetida.

Até que um dia, em um período de ocultamento, quando Tom estava zanzando por ali como de costume e Alison rindo compulsivamente, aconteceu algo inesperado. Ela beijou-o. E ele, surpreso, parou um minuto e então a beijou de volta, devagar e com carinho. Em seguida, foi como se um fogo abrasador tivesse tomado conta deles. Em um minuto eles eram duas crianças; no seguinte, eles estavam agarrados em um abraço.

"Nós temos de parar com isso," Alison arfou, com sua boca unida aos lábios de Tom. "É contra as regras." "Eu não consigo", ofegou Tom, por sua vez. "Eu não consigo esperar nem mais um minuto."

"Nem eu," ela engasgou, e mergulhou nele como se ele fosse o oceano. Cada movimento que eles faziam parecia uma onda do oceano, flutuando como bolhas levemente golpeadas por pequenas ondas. Depois de cinco meses de abstinência de toque, cada centímetro das peles deles e todas as camadas de tecido sensual se encheram e incharam e cresceram até que cada carícia era tingida por um prazer tão intenso que era agudo. A dor penetrava-os e acalmava-os. Logo, sem nenhum movimento, seus corpos foram transfixados por essa delícia calmante e dolorida.

Eles tiraram as roupas um do outro, como se em câmera lenta. Deitaram juntos, saboreando a textura perfeita da nudez um do outro, tocando, deslizando, esfregando um corpo no outro. Quando seus corpos se uniram no ritmo das carícias e seus gritos e murmúrio se misturaram, eles levaram um ao outro a níveis elevados de sensação. A construção da sensualidade perfeita era como uma detonação lenta de uma bomba nuclear. Camadas cresciam sobre camadas, chegando mais e mais perto do céu. Palavras sem sentido saíam de suas bocas aos trambolhões.

O sexo maravilhoso, extraordinário, dolorido, fincou-se neles, até que o prazer foi gritado em meio a dor, o telhado da sala de estar levantou e o casal virou um cogumelo atômico no espaço.

Depois: "Foi só sexo, não foi?", a voz de Alison soava incerta.

"Bem...sim. É claro."

Uma pausa. "Embora sexo seja contra as regras, não é?"

"Bem...é." Outra pausa.

O casal beijou-se apaixonadamente.
Outra pausa.

"O que vamos fazer?"

"É melhor não contar para ninguém."

"Não."

Dez minutos depois. "Hora de ligar a câmera de novo."

"Beije-me primeiro."

"Eu adoraria."

No dia das finais, Alison e Tom esconderam seu episódio vergonhoso.

"Tom, temos de contar a eles que não funcionou." "Quieta", disse Tom. "Nós vamos mesmo falhar no teste de amor. Não tem importância."

Cada casal ficou na frente do Amorômetro. O Amorômetro é um detector de mentiras que mede os casais simultaneamente. Nessa ocasião, Tom e Alison declararam não estarem apaixonados um pelo outro. E, quando eles falaram, o Amorômetro soou a sirene. De acordo com o polígrafo, ambos estavam mentindo.

"Senhoras e senhores, os vencedores." Anunciou o anfitrião. "Este casal está apaixonado. Isto é oficial!" Enquanto Tom e Alison eram engalanados e recebiam cheques enormes, cada um de seus sorrisos era transmitido por todo o mundo.

Depois, sem uma câmera vigiando cada um de seus passos pela primeira vez em seis anos, Tom abordou Alison. "Você me enganou, não foi?", ele soava agressivo. "Você me fez apaixonar-me, anunciando que não existia mais competição?"

Alison ficou assustada. "Isso não é verdade, Tom. Se fosse, eu teria sido denunciada pelo Amorômetro. Deve ter sido o sexo."

Tom acalmou-se um pouco. "É possível. Vamos conferir." Ele estendeu a mão e pegou Alison nos braços. E fundiu-se em seu corpo maravilhoso. Mais ou menos meia hora depois, ele sentou de novo. "Sim", ele concordou, "deve ter sido o sexo". Um braço levantou e puxou ele para baixo de novo.

No teto, um olho escondido transmitia tudo. Os organizadores da competição não deveriam ser subestimados... Eles tinham reconhecido o bom potencial para webcam desde o início.

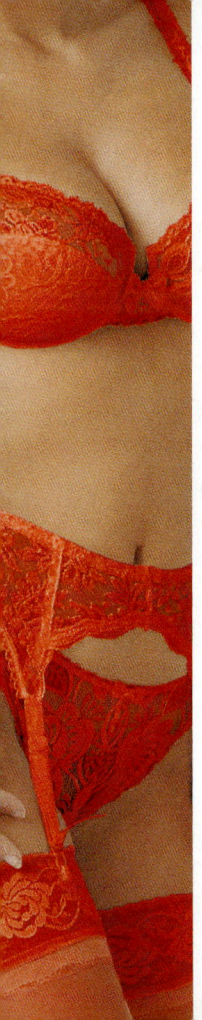

Sistemas de Aviso Antecipados

Existem algumas regras que devem ser obedecidas durante qualquer jogo sexual. Por exemplo, nunca amarre alguém e vá embora por um período longo, e não traga nenhum terceiro para sua vida sexual, a não ser que seu parceiro tenha concordado em específico de que isso é aceitável.

Além disso, nunca faça nada que possa se tornar ofensa pública, ou seja, ilegal, como fazer sexo em parques no meio da tarde perto do *playground* das crianças.

A regra de ouro: Nunca force ninguém a fazer nada que eles não queiram fazer. Se você pratica jogos S&M sempre, concorde, antes, sobre uma senha, para que, se a ação ficar excessiva, ela possa ser interrompida facilmente. Se você não deseja fazer algo, então diga.

Não hesite em dizer "NÃO", mesmo que tema ofender seu parceiro, e nunca obstrua a boca ou o nariz em nenhuma circunstância.

BOA APARÊNCIA E BOM CHEIRO

A maioria de nós toma banho e chuveiradas regularmente, mas quantos de nós prestamos atenção a sério para os odores de nossa boca e genitais? Como uma regra geral valiosa, se os seus genitais começam a ter um cheiro desagradável e lavar não melhora as coisas, vá a um médico ou ao hospital mais próximo. Infecções genitais, geralmente, são fáceis de tratar e o tratamento é rápido. Mas elas podem fazer admiradores fugir quilômetros...

Odor na boca pode significar que sua gengiva precisa de atenção. Então, uma visita ao dentista e o higienizador dental devem resolver esse problema. E uma boca com um cheiro bom é vital. A boca é a primeira peça da anatomia humana da qual chegamos perto.

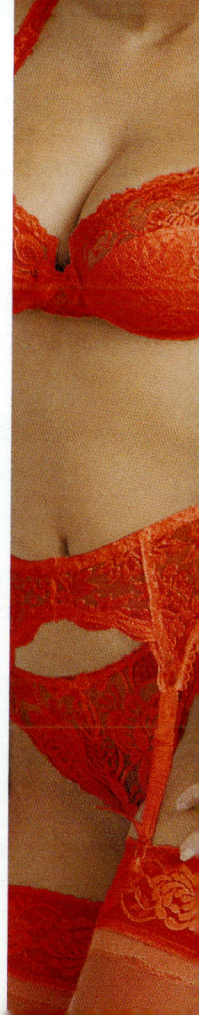

Desfrutar de Sexo Protegido

Praticar sexo protegido é um dos modos mais importantes com que você pode contar para protegê-lo contra uma gama de doenças sexualmente transmissíveis (DST), inclusive o HIV (vírus de imunodeficiência humana).

O QUE É SEXO PROTEGIDO?

Sexo protegido é o tipo de atividade sexual que não envolve a troca de fluidos corporais. Quando o pênis penetra a vagina durante o intercurso não protegido, a mulher é exposta ao sêmen do homem e ele é exposto aos fluidos vaginais dela. Uma vez que vírus e outras infecções podem ser transmitidos nesses fluidos, essa é uma atividade de risco potencial. Entretanto, se o homem ou a mulher usarem camisinha, então nenhum parceiro ficará exposto sem proteção aos fluidos do outro e o risco é reduzido significativamente. Se você ou seu parceiro forem ou já tiverem sido usuários de drogas intravenosas e compartilharam agulhas

Desfrutar de Sexo Protegido

como outros usuários, você precisa usar métodos sexuais mais seguros para garantir uma boa saúde.

QUEM DEVE PRATICAR SEXO PROTEGIDO?

Qualquer um que tenha preocupações ou dúvidas sobre saúde sexual ou história de um parceiro sexual deve praticar sexo protegido. Apenas se ambos tiverem uma ficha limpa em termos de saúde sexual e fizerem sexo apenas um com o outro é seguro não praticar sexo protegido.

OS PRINCÍPIOS DO SEXO PROTEGIDO

- Use camisinha em qualquer tipo de penetração.
- Fazer sexo sem penetração. Atividades como carícias e massagem são todas de pouco risco. Tente masturbação mútua ou sexo oral usando uma camisinha.

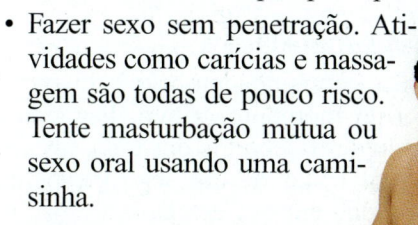

TOME CUIDADO
Certifique-se sobre seu parceiro antes de fazer amor.

Uso de Camisinhas

Quando a questão é proteção contra o HIV, as camisinhas são a forma mais segura de contracepção. Existem muitos tipos disponíveis: coloridas, com sabores, com texturas e até algumas que possuem adereços especiais. Desde que o pacote de camisinhas tenha uma marca reconhecida e uma data de validade, você é livre para experimentar. Compre uma seleção de camisinhas incomuns e experimente-as, dando uma nota a cada uma delas.

MANTENHA-AS À MÃO

Mantenha a camisinha embaixo do travesseiro e pegue-a no momento crítico. Esconda as camisinhas em lugares secretos em toda sua casa para que possa desfrutar de um sexo inesperado em qualquer cômodo em que esteja.

APLICAÇÃO SUAVE

Desenvolva uma gama de habilidades com a camisinha. Aprenda sozinho a colocá-las devagar ou rápido, no escuro, usando apenas uma mão. A

Uso de Camisinhas

prática leva à perfeição e, se quiser utilizar um pênis artificial para praticar, tente uma cenoura.

Coloque uma camisinha em seu parceiro, enquanto estimula o pênis dele com suas mãos e língua. Tente a antiga técnica tailandesa de deslizar a camisinha em sua boca para colocar nele enquanto faz sexo oral.

JOGOS

- Tente métodos diferentes de colocar camisinhas, dependendo de sua cor e sabor.
- Marque o tempo que seu parceiro demora em colocar a camisinha em seu pênis.
- Diga a ela que ela tem de quebrar o recorde mundial em deslizar a camisinha de um modo tão furtivo que você não perceba.

Índice Remissivo

A

Acessórios 7, 53, 60, 65, 90
Ações 18
Afrodisíacos 170
Alimentar seu parceiro 169
Amarração 94
Amarrar 64, 68, 94
Amor, cartas e bilhetes 8, 26, 41, 45, 49, 57, 66,
    96, 98, 99, 112, 113, 114, 123, 127, 128,
    145, 146, 147, 162, 163, 166, 202, 214,
    232, 237
Anéis 86, 93
Areia 154, 155, 162, 163

B

Banheira 53, 55, 146, 149, 151, 158

Bater com vara 90
Bicos dos seios 37, 43, 64, 85, 86, 106, 175
Borracha 39, 40, 62, 63, 82, 83, 84

C

Camisinhas 172, 238
Cartas de amor e bilhetes 60, 104, 105
Caviar 170, 172
Cenário, uma mudença de 68, 119, 176
Champanhe 172
Chocolate 171
Chuveiro 111, 132, 145, 146, 148, 149, 150
Comida e sexo 166
Compartilhando 46
Com sabores 238
Couro 29, 84

E

Encenando 136
Escravos 14
Espancamento 90, 91, 92, 93

Espelhos 96
Espreguiçadeira 141, 152

F

Fantasias 17, 25, 42, 43, 46, 47, 48, 49, 71, 126, 134, 160, 196, 211
Feliz Aniversários 7, 195
Fotografia 53

G

Ginseng 171
Grampos 63, 65, 87
Gravação, fazer uma sensual 74, 99
Gravação, sexo 74, 99

H

Hidroterapia 147
Histórias para dormir 217

Índice Remissivo

I

Inverno 76, 143, 160, 210

J

Jogos 7, 37, 62, 65, 84, 92, 96, 112, 140, 141, 142, 143, 148, 163, 166, 181, 182, 196, 206, 239

Jogos proibidos para menores 8, 9, 10, 11, 14, 18, 19, 21, 23, 28, 29, 38, 49, 50, 59, 60, 61, 68, 78, 82, 96, 120, 163, 167, 234

Jogos sexuais com comida 167

L

Luta Livre, óleo de bronzear 132

M

Mar 52, 53, 147, 154, 155, 162
Massagem 38, 41, 190, 192, 209
Masturbação 237

Motocicletas 139
Música 45, 53, 72, 108, 109, 116

O

Objetivos 15
Ocasiões Especiais 196
Ostras 170
Outono 142

P

Para ela 209
Para ele 209
Pele 29, 76
Penas 38, 63, 65, 68
Piercing 34
Piercing corporal 34
Pimentas, perigos com 171
Pintura 36
Pintura Corporal 36
Piscina 163

Q

Quarto de vapor 160

R

Recompensa 11, 75, 182
Regras do jogo 13, 14, 49
Ritos de Iniciação 62
Roupas 6, 28, 29, 30, 32, 33, 34, 42, 64, 71, 94,
      102, 103, 106, 107, 114, 134, 158, 212,
      218, 230
Roupas íntimas 30, 31
Roupas sensuais 103

S

Sauna 160, 161
Seda 30, 31, 38, 45, 59, 63, 64, 65, 70, 86, 98, 99,
      114
Sexo no Escritório 130
Sexo oral 74, 97, 107, 115, 149, 182, 184, 188,
      189, 211, 213, 237, 239

Sexo pela internet 121
Sexo por telefone 121
Sexo Protegido 236
Shampoo 158
Strip Pôquer 104
Sugestões 199

T

Tabus, explorando os 48
Tatuagem 34, 35
Tecidos 30, 38, 70, 71
Tocar-se 42

V

Veludo 59, 61, 65, 70, 71
Vendas 66
Verão 10, 53, 210, 220, 221, 223, 224
Vestir-se 28
Vibradores 65, 81, 87, 205

Leitura Recomendada

Sexo Fantástico do Kama Sutra de Bolso

52 Posições Ardentes

Nicole Bailey

Sexo Fantástico do Kama Sutra de Bolso – 52 Posições Ardentes. Dicas na Medida Certa para o Prazer na Cama. Instigue, Excite e Eletrize seu Parceiro.

Livro de Bolso do Kama Sutra

Segredos Eróticos para Amantes Modernos

Nicole Bailey

Nicole Bailey, escritora especialista em saúde, psicologia e relacionamentos, inspirou-se nos textos dos clássicos orientais.

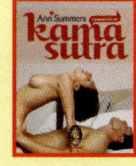

O Pequeno livro do Kama Kutra

Ann Summers

Eis o guia sexual de Ann Summers para o clássico *Kama Sutra*. Você verá novas e eróticas posições sexuais, além de dicas para prolongar o prazer.

---

69 Formas de Satisfazer seu Parceiro

Segredos Sexuais para um Prazer Máximo

Nicole Bailey

O livro *69 Formas de Satisfazer seu Parceiro* trata de sensações físicas puras, ousadas e deliciosas, com dicas quentes para apimentar sua vida amorosa e fazer o coração de seu parceiro ou de sua parceira acelerar de desejo.

www.madras.com.br

Este livro foi composto em Times New Roman, corpo 11,5/13.
Papel Couche 115g
Impressão e Acabamento
Prol Gráfica — Av. Juruá, 820 — Barueri/SP
CEP 06455-903 — Tel.: (0_ _11) 3927-8188 — e-mail: prolgrafica.com.br